Mercado de Capitais e Bolsa de Valores

Mercado de Capitais e Bolsa de Valores

Walter Cestari

Ricardo Humberto Rocha

Marcos Piellusch

Apoio:

Copyright © Editora Manole Ltda., 2023, por meio de contrato com os autores.

Projeto gráfico: Departamento Editorial da Editora Manole
Diagramação: Coletivo Editoriall
Capa: Departamento de Arte da Editora Manole

CIP-BRASIL. CATALOGAÇÃO NA PUBLICAÇÃO
SINDICATO NACIONAL DOS EDITORES DE LIVROS, RJ

R576

Rocha, Ricardo Humberto

Mercado de capitais e bolsa de valores / Ricardo Humberto Rocha, Walter Cestari, Marcos Piellusch. - 1. ed. - Santana de Parnaíba [SP] : Manole, 2023.

ISBN 9788520458358

1. Mercado financeiro. 2. Investimentos. 3. Ações (Finanças). 4. Bolsas de valores. I. Cestari, Walter. II. Piellusch, Marcos. III. Título.

23-81950　　　　　　　　　CDD: 332.6322

　　　　　　　　　　　　　　CDU: 336.76

Gabriela Faray Ferreira Lopes - Bibliotecária - CRB-7/6643

Nenhuma parte deste livro poderá ser reproduzida, por qualquer processo, sem a permissão expressa dos editores.
É proibida a reprodução por fotocópia.

A Editora Manole é filiada à ABDR – Associação Brasileira de Direitos Reprográficos

Edição – 2023

Editora Manole Ltda.
Alameda América, 876
Tamboré – Santana de Parnaíba – SP – Brasil
CEP: 06543-315
Fone: (11) 4196-6000
www.manole.com.br | https://atendimento.manole.com.br/
Impresso no Brasil
Printed in Brazil

SOBRE OS AUTORES

Walter Cestari

Pós-graduado e com MBA em Finanças. Atua como professor de Mercado de Capitais e Bolsas na Fundação Instituto de Administração (FIA). Foi assessor de diretoria e supervisor educacional da Bolsa de Valores de São Paulo e diretor do Centro de Instrução da Associação Nacional das Corretoras de Valores. Credenciado como administrador e analista pela Comissão de Valores Mobiliários - (CVM) e Membro da Comissão Consultiva de Mercado de Capitais do Conselho Monetário Nacional. Durante 35 anos atuou como diretor de banco e de corretora de valores. No exterior participou de programas de desenvolvimento técnico na New York Stock Exchange, na Chicago Mercantile Exchange e na NASDAQ, com extensão universitária em Mercado de Capitais na Pace University. Foi homenageado como educador pelo Conselho Regional de Contabilidade (CRC-SP).

Graças à sua contribuição para o Mercado de Capitais no Brasil, teve seu depoimento histórico registrado e exposto no Museu da B3. É coautor do livro "Planejamento Financeiro Pessoal e Gestão Patrimonial" pela Editora Manole.

Ricardo Humberto Rocha

Doutor em Finanças e Administração pela Faculdade de Economia, Administração e Contabilidade da Universidade de São Paulo (FEA-USP). Desde 1999 atua como professor no Insper - Instituto de Ensino e Pesquisa nos cursos de graduação e MBA. Embaixador do Fundo de Bolsas do Insper. É consultor nas instituições: Associação Brasileira das Entidades dos Mercados Financeiro e de Capitais (ANBIMA), Federação Brasileira de Bancos (FEBRABAN), Instituto Febraban de Educação (INFI), B3 S.A. e Planejar - Associação Brasileira de Planejamento Financeiro. É conselheiro da Ancord e consultor da Fundação Carlos Chagas. Possui diversos livros publicados. Atua na área de Finanças nos temas: Finanças de Mercado, Finanças Corporativas, Gestão de Riscos e Planejamento Financeiro Pessoal. Premiado com a medalha Cel. Paul Balagny em reconhecimento aos méritos e relevantes contribuições às ciências, letras e cultura, resultando em benefício à Polícia Militar do Estado de São Paulo, 2019. CFO certificado pelo Instituto Brasileiro de Executivos de Finanças de São Paulo (IBEF- SP).

Marcos Piellusch

Mestre em Administração de Empresas pela Escola de Administração de Empresas de São Paulo da Fundação Getúlio Vargas - (EAESP-FGV) e graduado em Administração de Empresas pela Faculdade de Economia, Administração e Contabilidade da Universidade de São Paulo (FEA-USP). Desde 2008 é consultor em avaliação de empresas, atuando na elaboração, modelagem e parecer independente de laudos de avaliação de empresas financeiras, não financeiras, fintechs e startups. Atua ainda desde 2010 como professor de Finanças nos cursos de MBA, pós-graduação e in-company da Fundação Instituto de Administração (FIA) e como coordenador de cursos a distância nas áreas de Finanças e Mercado Financeiro.

Atua também como professor em disciplinas de Finanças, Mercado Financeiro, Avaliação de Empresas e Gestão Bancária em programas de pós-graduação, MBA e in-company em outras escolas de negócios, como Fundação Getúlio Vargas, Saint Paul Escola de Negócios, Faculdade Einstein e Ibmec. Atuou anteriormente como executivo nas áreas de finanças corporativas, consultoria em análise de investimentos, avaliação de empresas e modelagem financeira.

Sumário

1. Mercado de Capitais...19
   Visão geral 19
   Evolução do Mercado de Capitais no Brasil 19
      Surgimento da Bolsa de Valores 19
      A Internet e o *Home Broker*..*21*
      A consolidação e a Governança Corporativa.....................21
   O Mercado de Capitais e a Economia......................................24
      Conceituação e Funcionamento do Mercado de Capitais....25
      Estrutura do Mercado de Capitais 26
      Regulação do Mercado de Capitais.....................................27
   Mercado Primário e Secundário de Ações...............................29
      Mercado Primário de Ações...29
      Mercado Secundário de Ações...31

2. Títulos e Valores Mobiliários 32
   Principais valores mobiliários emitidos por companhias do tipo Sociedade
      Anônima 33
   Mercado de ações 35
      A origem do Mercado de Ações 35
      Conceito de ações 36
      Especificações e direitos das ações 36
      Proporção de ações no capital social 37
      Valores de referência das ações 38
      Remuneração e benefícios para os acionistas.....................39
   Debêntures 45
      Emissão das debêntures...46
      Participantes da emissão das debêntures.............................46
      Formas de resgate ou liquidação das debêntures 47
      Garantias oferecidas pelas debêntures 48
      Remuneração das debêntures 48
   Notas promissórias comerciais ou *Commercial papers* 49
   Certificados de depósitos de valores mobiliários (ADR/BDR)....49
      American Depositary Receipts (ADRs).................................50
      Brazilian Depositary Receipts (BDRs) 51
      Direitos básicos do investidor...52

3. Abertura de capital das empresas...54
Objetivos da abertura de capital..54
A natureza jurídica da empresa aberta..55
IPO (*Initial Public Offering*)..56
Formas de oferta de ações...56
Atividades do processo de abertura de capital..........................56
Preparação da empresa..56
Pedido de registro..57
Definição dos parâmetros da oferta..58
Preparação do prospecto e aviso ao mercado........................58
Road show...59
Precificação..60
Oferta pública de aquisição de ações (OPA).............................60

4. Mercado de bolsa e mercado de balcão.......................................62
Conceito e funções das Bolsas de Valores.................................62
B3 – Infraestrutura de mercado..64
A B3 e a consolidação dos mercados......................................64
Banco B3...65
Central depositária...65
BSM Supervisão de Mercados..65
B3 – Histórico e importância da bolsa brasileira.......................67
O surgimento das bolsas no mundo..67
Origens da B3 – Brasil Bolsa Balcão.......................................67
O processo de negociação...69
Sistema de negociação de ações no mercado à vista...............71
Sistemas eletrônicos e plataforma de negociação..................71
Códigos de negociação...72
Lotes de negociação...73
Tipos de ordem...73
Ordens com fechamento automatizado e *stop loss*................74
Horários de negociação..75
After Market..76
Home Broker...76
Prazo das operações...77
Leilões e *Circuit Breaker*...78
Liquidação das operações..80
Conta margem..81
ETF – Exchange Traded Fund..81

Aluguel de ações 82

Mercado a termo 84

Índices de ações 86

Índice Ibovespa B3 87

IB_RX-50 – Índice Brasil 50..88

IB_RX-100 – Índice Brasil 100..88

Índice de Sustentabilidade Empresarial - ISE B3 88

IGC B3 – Índice de Ações com Governança
Corporativa Diferenciada 89

Índice Valor - IVBX-2 B3 90

Índices Mid Large Cap (MLCX) e Small Cap (SMLL) 90

Índices Setoriais 90

Principais Índices de ações no Mundo 90

5. Risco e retorno no mercado de capitais..94

Definição de Risco e Retorno 94

A relação entre Risco e Retorno 94

Cálculo do Retorno..95

Retorno absoluto..95

Retorno percentual..96

Retornos acumulados..97

Retornos com base de dados históricos..98

Cálculo do risco..99

Carteiras de investimento e riscos 101

Diversificação e correlação entre os retornos 101

Risco e retorno de uma carteira de investimentos 103

Desempenho de uma carteira de investimentos..104

6. Mercado de Derivativos..106

Mercado Futuro..106

Principais ativos-objeto 107

Liquidação e encerramento dos contratos futuros..107

Obrigações e garantias..108

Código de negociação..108

Ajuste e liquidação financeira 109

Minicontratos..110

Mercado de opções 111

Opção de compra (*call*)..112

Opção de venda (*put*) 114

Código de negociação no mercado de opções..116

Valor intrínseco e valor extrínseco de uma opção 117
Moneyness 118
Garantias no mercado de opções...120
Swaps *120*
Certificados de Operações Estruturadas (COE) 122

7. Análise Fundamentalista 124
Análise fundamentalista e Análise técnica 124
Elementos da Análise Fundamentalista 125
Indicadores Econômicos e do Mercado Financeiro 126
Produto Interno Bruto (PIB)................................126
Inflação..126
Taxa básica de juros (Selic)................................127
Emprego e renda..129
Indicadores de desempenho econômico de outros países 129
Taxa de câmbio 131
Análise das demonstrações financeiras................................132
O Balanço Patrimonial 132
Demonstração do Resultado do Exercício (DRE) 133
Análise da Demonstração do Resultado do Exercício 136
Capital de giro e riscos de curto prazo................................137
Necessidade de Investimento em Giro (NIG)................138
Análise dinâmica do capital de giro................................141
Ciclo operacional e ciclo financeiro 141
Cálculo do ciclo financeiro................................143
A Demonstração dos Fluxos de Caixa (DFC) 144
Fluxo de caixa é diferente de lucro................................144
Estrutura da Demonstração dos Fluxos de Caixa 145
Os Fluxos de Caixa ao longo da vida da empresa 147
Endividamento das Empresas................................148
Introdução – Endividamento e Risco 148
Estrutura de Endividamento................................148
Capacidade de honrar dívidas 149
Margem, Giro e Rentabilidade 151
Valuation (Avaliação de ações)................................153
O valor das empresas e das ações 153
Avaliação por múltiplos 154
Fluxo de caixa descontado................................160

• SUMÁRIO 11

8. Análise Técnica e Tape Reading 167

   História da análise técnica 168

   Representação dos preços nos gráficos.......................................168

      Gráficos de linha 168

      Gráficos de barras 168

      Gráficos de *candlestick*...*170*

      Referência temporal dos gráficos.......................................171

   Fundamentos da análise técnica...172

      Suportes e resistências...174

      Tendências e retas 175

      Indicadores 175

      Leitura dos *candlesticks*..*181*

      Sequência de Fibonacci...186

      Ondas de Elliott 188

   Tape Reading ou Análise de Fluxo..189

9. Governança corporativa 191

   Princípios básicos de Governança Corporativa 191

   O conflito de agência e a governança corporativa 192

   Mecanismos de governança corporativa......................................193

   Registro das empresas de capital aberto e segmentos de listagem......194

10. Fundos de investimento e Clubes de investimento 197

   Fundos de investimento 197

      Estrutura e funcionamento dos fundos de investimento 197

      Vantagens e pontos de atenção dos fundos de investimentos 200

      Tipos de fundos 202

      Fundos de investimento imobiliário 203

      Exchange Traded Funds (ETFs)...204

      Fundos de investimento em participações (FIP)...................205

      Fundos de investimento em direitos creditórios (FIDC) 206

      Fundos de investimento em cadeias agroindustriais (Fiagro)......207

      Fundos de infraestrutura 208

   Clubes de investimento 208

Um até breve 210

Referências 211

Nota dos autores

O Mercado Financeiro é composto por instituições responsáveis pela captação, distribuição e circulação de valores. Seus instrumentos possibilitam a transferência de recursos disponíveis e criam condições de liquidez em quatro mercados específicos: Monetário, Cambial, de Crédito e de Capitais.

No Mercado de Capitais, efetua-se a distribuição de valores mobiliários com o propósito de viabilizar o financiamento e a capitalização das empresas. Nele são realizadas operações com títulos de prazos curto, médio e longo, tais como ações, debêntures e notas promissórias (*commercial papers*), que permitem a circulação de capital para custear o desenvolvimento econômico.

A estrutura do sistema financeiro apresenta como órgão maior o Conselho Monetário, que possui funções normativas; o Banco Central, como órgão executor de políticas monetárias, e a Comissão de Valores Mobiliários (CVM), que responde pela regulamentação do mercado de capitais. A Bolsa de Valores oferece as condições para a negociação dos valores mobiliários, mantendo a infraestrutura para realização das operações e consequente liquidação física, financeira e custódia dos títulos.

Participam do mercado como intermediários: corretoras, distribuidoras e bancos de investimentos; como investidores: instituições de previdência, seguradoras, fundos de investimentos e pessoas físicas e jurídicas nacionais e estrangeiras.

Assim sendo, esta obra contém material que transmite ao leitor completo conhecimento para entender o funcionamento do mercado. De forma didática, apresenta os elementos para compreensão de operações, análise de ações, gestão de riscos, e as melhores condições para tomada de decisões.

Os autores possuem profunda experiência na área, acumulando por décadas vivência profissional no âmbito operacional da Bolsa de Valores e na vida acadêmica, atuando nas principais universidades do país. São pioneiros na coordenação e na docência para a formação profissional e para o credenciamento oficial ao exercício de atividade no âmbito do mercado financeiro.

Palavra ao leitor

Foram 50 anos dedicados ao Mercado de Capitais. Nele vivi momentos especiais. Na década de 1960 ingressei na Bolsa de Valores de São Paulo como Operador de Mercado de Ações e participei na elaboração da metodologia do Ibovespa. Na década seguinte houve a relação com a constituição da nova lei das S/As e da CVM. No início dos anos 1980, foi a vez de implantar o mercado de opções e no meado da década, a criação da Bolsa de Mercadorias e Futuros.

Nesse momento, sentimos necessidade de aperfeiçoar a atividade do Operador do Mercado Financeiro, que marcou o início dos cursos de desenvolvimento profissional. Foi a semente que deu origem às certificações do Mercado Financeiro.

Alguns anos depois, mais dedicado à atividade acadêmica, fui convidado a ministrar aulas no recém-criado MBA Finanças, pioneiro no Brasil.

Foi no desempenho dessa atividade que tive o prazer de conhecer duas pessoas maravilhosas e profissionais de rara inspiração e grande sabedoria. Foram eles, os dois outros autores, primeiro o professor Ricardo Rocha, e mais tarde o professor Marcos Piellusch, detentores de sólidos conhecimentos do mercado, que me estimularam a participar desta obra.

Conheci o Professor Walter Cestari em 1999, no curso Operador de Mercado Financeiro na FIA-FEA-USP. Eu iniciava minha jornada como professor lecionando a disciplina de derivativos, e o Professor Cestari coordenava o curso.

O Professor Cestari reúne raros atributos, profundo conhecimento do tema de Mercado de Capitais, extrema didática e uma intensa paixão em ensinar seus alunos.

Suas contribuições ao Mercado de Capitais são inúmeras, fato que levou a B3 a homenageá-lo no Museu da Bolsa com um vídeo trazendo seu depoimento sobre as transformações do Mercado de Capitais e a importância do tema para o desenvolvimento do Brasil.

Ao longo desses quase 25 anos, conversamos muito sobre o Mercado de Capitais e as potencialidades da economia brasileira. Dessas muitas conversas surgiu a vontade de escrever um livro que contribuísse na formação dos estudantes e dos investidores.

Convidamos o Professor Marcos Piellusch, jovem talento da Academia, e o time estava montado.

Bem, já que meu nome foi citado, vou aproveitar para dar o meu depoimento. Conheci os professores Walter Cestari e Ricardo Rocha em 2010, na Fundação Instituto de Administração (FIA).

Logo me surpreendi com o amplo conhecimento e didática que ambos apresentavam em sala de aula, além do notável histórico profissional e grandes contribuições para o Mercado de Capitais.

Ao conhecê-los, eu possuía um histórico profissional em Finanças, mas tinha pouca experiência acadêmica. Mesmo atuando como professor, diante deles sempre fui um aluno atento, aproveitando os ensinamentos e as vivências trazidas em sala de aula e nas conversas.

Por isso foi uma grande honra receber o convite para participar do livro, e aproveitei a oportunidade, acreditando no grande potencial de aplicação prática da obra para o meio acadêmico e Mercado de Capitais. O resultado desse projeto, o leitor poderá verificar; uma obra com muita precisão e didática.

Agradecemos o Presidente da B3, Gilson Finkelsztain, e o Presidente da Totvs, Dennis Herszkowicz, que aceitaram generosamente nosso convite para prefaciar este livro.

Somos gratos também à B3 Educação, representada pelo presidente Gilson Finkelsztain e pela Marina Naime, pelo apoio na elaboraçao da obra, pela confiança em nosso trabalho e pelo reconhecimento da contribuição dos autores para o Mercado de Capitais.

Nossos agradecimentos ainda a todos os profissionais da Editora Manole pelo apoio para que este livro pudesse chegar ao leitor.

Nossos votos de uma boa leitura e um grande aprendizado a todos!

Os autores

Prefácio

Gilson Finkelsztain

Se você é um investidor iniciante, um estudante universitário ou um profissional de finanças em início de carreira, este livro que chega em suas mãos é uma combinação muito poderosa de informações de altíssima qualidade, didatismo e vozes que conhecem profundamente o mercado financeiro.

Walter Cestari, Ricardo Humberto Rocha e Marcos Piellusch têm uma história marcada em pedra na educação financeira do Brasil e este livro consolida todo esse tempo de trabalho e dedicação na formação e informação sobre o nosso mercado de capitais.

Ainda na década de 1960, Walter Cestari trabalhou em parceria com a então Bovespa em cursos de preparação de operadores e introdução ao mercado de capitais.

Nos anos 1980, a bolsa criou um curso de formação de operadores para atuarem no ainda desconhecido mercado de derivativos que despontava no Brasil. Com o fim do pregão viva voz, o curso deixou ser oferecido. Mas, em 2021, o professor Marcos Piellusch foi um dos responsáveis por remodelar o conteúdo do curso que voltou a ser oferecido ao público. O professor Ricardo Humberto colaborou muito de perto em dois projetos pioneiros da então BM&FBOVESPA, fruto da união da Bovespa com a Bolsa de Mercadorias e Futuros (BM&F). Ele foi consultor nos programas de "TV Educação Financeira" e o game show "Dinheiro no Bolso", voltados para a educação financeira de adolescentes.

Mais do que as credenciais de longa atuação com educação financeira, o livro desse trio de especialistas nos convida a aprender sobre o mercado financeiro e a desenvolver habilidades para investir de forma consciente e autônoma, sempre respeitando o perfil de risco e o objetivo de vida de cada um.

Eles trazem, de maneira simples e didática, um panorama do mercado de capitais, desde a estrutura do mercado e da bolsa, até os principais produtos negociados. Além disso, abordam temas como análise técnica e análise fundamentalista, trazendo os principais cálculos de indicadores e figuras que ajudam as pessoas na hora de investir.

A missão de levar educação financeira de qualidade para os mais variados públicos é o DNA deste livro e parte da história da B3, a bolsa do Brasil. Ainda em 1921, há pouco mais de um século, a "Escola de Classificação de Algodão", da Bolsa de Mercadorias de São Paulo (BMSP), já trabalhava para incentivar o conhecimento no mercado. Hoje, temos o Hub de Educação da B3 (edu.b3.com.br), o site B3 Bora Investir (borainvestir.b3.com.br) e o museu MUB3 (Rua XV de novembro, 275 – São Paulo) como nossas iniciativas mais recentes.

Por isso, apresentar o Mercado de Capitais e Bolsa de Valores é mais do que parte de um papel institucional, é um imenso prazer. Nas últimas décadas acompanhamos a transformação no mundo das finanças de um pregão onde os preços eram anotados a giz em um quadro de ardósia, para o que vivemos hoje, quando uma ordem de compra ou venda demora 1 milissegundo para ser processada na bolsa, o tempo de um piscar de olhos. O que não mudou desde então é a necessidade de informações de qualidade e descomplicadas para garantirmos uma formação sólida para os milhões de investidores que hoje estão no mercado brasileiro.

E este livro, tenho certeza, será parte importante da sua jornada de conhecimento.

Boa leitura e bons investimentos!

Gilson Finkelsztain
Presidente da B3

Prefácio

Dennis Herszkowicz

É uma honra fazer o prefácio de um livro. Especialmente o meu primeiro prefácio. Mas, além da honra, fico muito feliz de escrever sobre um grande amigo e mentor, que nas últimas décadas tem sido um dos principais formadores de profissionais de sucesso no Brasil. Esse livro é mais um produto dessa incansável busca por trazer conhecimento essencial, especialmente para os jovens brasileiros.

O mercado de capitais se tornou um instrumento fundamental para as economias mundiais. Seu sucesso tem sido sinônimo de países desenvolvidos ou em rápido desenvolvimento, de sociedades com mobilidade social e empreendedorismo, de empresas de alta produtividade, formalizadas e de mais igualdade social. Quando se cria a capacidade de financiar via "equity" ou dívida, o crescimento das empresas, principalmente com recursos privados, estabelece um mecanismo de busca permanente pela maior eficiência possível. A eficiência na alocação de capital é, comprovadamente, uma das mais importantes formas de desenvolvimento sustentável de uma economia. Acesso a recursos é o combustível para que as empresas se desenvolvam.

Empresas talvez sejam a principal forma de organização criada pela humanidade. O crescimento vertiginoso que o mundo experimentou nos últimos 2 séculos está diretamente ligado ao surgimento das empresas. Ao longo das décadas, a representatividade delas no emprego, na renda, na arrecadação de tributos, nas invenções e, inclusive, nos avanços sociais, tem crescido rapidamente. Há uma correlação direta entre nível de desenvolvimento de um país, em todos os parâmetros analisáveis, e a participação e sofisticação das empresas. Da mesma forma, existe uma correlação direta entre a participação e sofisticação das empresas com a importância e a sofisticação do mercado de capitais do país. Portanto, um livro que objetiva aumentar o conhecimento sobre esse mercado é muito bem-vindo.

Conheci o Professor Ricardo Humberto em 1996, quando me deu a primeira grande oportunidade de trabalho da minha carreira. Eu havia me formado em Propaganda e Marketing, mas, desde os 17 anos, acompanhava de perto a bolsa. Então decidi que queria experimentar trabalhar nesse mercado. Foi aí que entrou o Professor, acreditando que um jovem não formado em economia, engenharia ou administração poderia dar certo numa mesa de operações da tesouraria de um banco.

Anos depois, ajudei a construir a história da segunda empresa brasileira de *software* a fazer um IPO na B3. Hoje sou CEO da pioneira TOTVS. São 16 anos de vivência direta com o mercado de capitais, onde os pontos acima se provaram absolutamente reais. A geração de valor é incrível.

É interessante que, até mesmo em temas que parecem distantes, tem o mercado de capitais como importante fomentador. Por exemplo, a governança corporativa influencia diretamente questões sociais, na medida em que as maiores empresas, ou seja, aquelas que acessam o mercado de capitais, estão na vanguarda do desenvolvimento de políticas de igualdade. Outro exemplo é a própria mobilidade social, na medida em que o mercado de capitais é um instrumento economicamente democrático e meritocrático, dando a oportunidade para que qualquer cidadão possa crescer.

Desta forma, temos aqui um livro que servirá como um ótimo guia para que as pessoas possam acessar e aprofundar seus conhecimentos. Espero que todos tenham, também por meio dele, a oportunidade de tornar o mercado de capitais num grande aliado no desenvolvimento de suas carreiras e nos seus investimentos pessoais.

Dennis Herszkowicz
CEO da Totvs

1

Mercado de Capitais

VISÃO GERAL

O Mercado de Capitais pode ser entendido como um conjunto de instituições e de instrumentos que negociam, entre compradores e vendedores, os valores mobiliários emitidos pela empresa como forma de captação de recursos e de proporcionar liquidez a esses títulos.

Sua característica predominante é a capacidade de atender às necessidades de financiamento de curto, médio e longo prazo. Logo, sua existência e importância decorre das **limitações** do mercado de crédito em financiar as empresas nas condições adequadas a prazos, custos e montantes.

EVOLUÇÃO DO MERCADO DE CAPITAIS NO BRASIL

É de grande importância para o desenvolvimento econômico do país a existência de um mercado de capitais sólido, uma vez que isso permitirá o financiamento contínuo das necessidades de investimento em capital de giro e capital fixo por parte das empresas.

Para que esse processo possa ser efetivo, é necessário haver empresas dispostas a abrir o capital e investidores dispostos a investir, e assim ocorre a canalização de recursos para a atividade produtiva.

O Mercado de Capitais representa importante fator de crescimento econômico, pois é uma fonte de financiamento para as empresas de forma constante, além de democratizar o investimento, permitindo que investidores participem no capital social das companhias.

No Brasil, o Mercado de Capitais está em constante evolução. A seguir são apresentados os principais ciclos de desenvolvimento e crescimento.

Surgimento da Bolsa de Valores

Em 1850 foi fundada no Rio de Janeiro a Junta dos Corretores de Fundos, uma instituição autônoma formada por cinco corretores, incluindo presidente, secretário, tesoureiro e dois suplentes que se encarregavam de organizar os leilões e divulgar as cotações ao público. Dessa junta surgiria, em 1965, a Bolsa de Valores do Rio de Janeiro (BVRJ). O antigo estatuto de corporação, que era atrelado ao Estado, passou a prever a forma de sociedade civil, controlada pelas corretoras. A primeira bolsa paulista, batizada de Bolsa Livre, foi criada em 23 de agosto de 1890 por uma associação de corretores liderados por Emílio Rangel Pestana. Abatida pela crise do encilhamento, a bolsa dura pouco mais de um ano. O terreno fértil criado por Rangel Pestana possibilita, no entanto, que 4 anos mais tarde uma nova bolsa seja criada.

Em 1895 foi fundada a Bolsa de Fundos Públicos de São Paulo. O surgimento da instituição foi possível a partir da publicação do Decreto Estadual 274 de 22 de dezembro de 1894, que fixava comissões aos corretores pelas negociações com ações. Em 1965, a lei 4.728 de 14 de julho transformou os corretores de fundos públicos em sociedades corretoras de títulos e valores mobiliários e criou os bancos de investimentos para a administração dos fundos.

Em 1970 teve início um movimento especulativo com criação de incentivos fiscais para a compra de ações que culminou com uma grande valorização dos seus preços, conhecidos como "boom de 71", seguido de acentuado movimento de queda que traumatizou o mercado.

A valorização das ações em 1970 ultrapassou os 50%, e na primeira metade de 1971, a valorização chegou a mais de 180%. Em seguida, na segunda metade de 1971 e durante o ano de 1972, a queda foi de 29% e 44%, respectivamente (B3, 2022).

Em 1976, para aprimorar os mecanismos relacionados à emissão e negociação de ações no mercado, foi criada a lei das Sociedades Anônimas e a Comissão de Valores Mobiliários (CVM). A partir da década de 1990, ocorreu a abertura da economia brasileira para investimentos estrangeiros no mercado de ações, assim, o mercado e as empresas começaram a atuar em padrões mais elevados, visando atender aos requisitos dos investidores estrangeiros.

A B3, atualmente bolsa do Brasil, foi constituída a partir da evolução da Bolsa de Fundos Públicos, BVRJ, BM&F, BMSP e Cetip. A Bolsa de Fundos Públicos de São Paulo, em 1934 passou a se chamar Bolsa Oficial de Valores de São Paulo e se instalou no Palácio do Café, localizado no Pátio do Colégio na capital paulista.

Em 1967 o nome da instituição passa a ser Bolsa de Valores de São Paulo, sendo mais conhecida pelo acrônimo Bovespa, e no ano seguinte é criado o Ibovespa, mais importante indicador de rentabilidade do mercado de ações do país.

Em 2008 ocorre a fusão da Bolsa de Mercadorias e Futuros (BM&F), com a Bovespa, dando origem à BM&FBOVESPA, e em 2017 ocorre a integração com a Central de Custódia e de Liquidação Financeira de Títulos Privados (Cetip). A partir desse momento, é criada uma das maiores empresas de infraestrutura de mercado financeiro do mundo, a B3, abrangendo atividades de negociação, compensação, liquidação, depósito e registro de diversas classes de ativos. Além disso, oferece uma ampla gama de serviços a instituições e investidores, como fornecimento de dados, criação de soluções de produtos financeiros, meios de pagamento e outros.

Os itens a seguir detalham essas etapas do desenvolvimento do mercado até a constituição da bolsa que temos atualmente: a B3.

A Internet e o *Home Broker*

Ao final da década de 1990, o mercado de capitais brasileiro entra em um ciclo de evolução mais acelerado, graças ao processo de globalização, avanço tecnológico e aprimoramento dos meios de comunicação.

Em 1997 foi criada a Companhia Brasileira de Liquidação e Custódia (CBLC), uma empresa independente e responsável por atuar como "clearing", efetuando o registro, aceitação, compensação, liquidação e gerenciamento do risco de contraparte nas operações realizadas diariamente. O objetivo era modernizar as operações, proporcionando mais transparência e confiabilidade aos agentes do mercado, em substituição à antiga Caixa de Liquidação de São Paulo (Calispa).

No mesmo ano foi implantado o sistema de negociação eletrônica Mega Bolsa, que ampliou o potencial de processamento de negociações e permitiu que a Bovespa se consolidasse como importante centro de negócios do mercado latino-americano.

Em março de 1999, graças ao surgimento e disseminação da internet, foi introduzido o sistema "home broker", que possibilita ao investidor enviar de forma eletrônica as ordens de compra e venda de ativos por meio das corretoras de valores mobiliários credenciadas pela Bovespa. Esse foi o princípio de um processo de desenvolvimento das transações eletrônicas, que se acelerou proporcionalmente às transformações trazidas pela internet.

Também em 1999 foi lançado o *after market*, que viabilizava a realização de operações após o horário normal de negociação e permite que os investidores enviem ordens e fechem negócios por um intervalo de tempo após o fechamento do mercado.

A consolidação e a Governança Corporativa

Os anos 2000 começaram com a integração das bolsas do Rio de Janeiro e São Paulo, e com isso, a Bovespa passa a ser a única bolsa de valores do Brasil.

Ainda no final daquele ano foi criado o Novo Mercado, segmento destinado às empresas comprometidas com a adoção de padrões elevados de governança corporativa. O objetivo era diferenciar as empresas que atendiam a tais requisitos, já que os investidores procuravam a redução de riscos relacionados à assimetria de informações e a garantia dos direitos dos acionistas.

A adoção das normas internacionais de contabilidade, ou *International Financial Reporting Standards* (IFRS), que teve início com a aprovação da lei 11.638 de 28 de dezembro de 2007, também proporcionou maior abertura do mercado brasileiro para investidores estrangeiros, pois a padronização das informações contábeis das empresas contribui com a qualidade das informações fornecidas e facilita a análise por investidores internacionais.

Em 2005 a Bovespa encerra a negociação por meio do chamado "pregão viva-voz", efetuando a totalidade das negociações de ações por meio do ambiente eletrônico no sistema Mega Bolsa.

Em 2007 a Bovespa deixa de ser uma associação sem fins lucrativos, tornando-se uma companhia de capital aberto listada no Novo Mercado. No ano seguinte, a Bovespa se une à BM&F, formando a BM&FBOVESPA. Foi integrada também a CBLC, que passou a fazer parte da nova empresa.

Em 2011 o sistema Puma Trading System é implantado, unificando as negociações dos mercados à vista e de derivativos, substituindo o sistema Mega Bolsa, anteriormente utilizado pela Bovespa, e GTS (Global Trading System), anteriormente utilizado pela BM&F.

Em 2017 a BM&FBOVESPA é integrada à Cetip, formando a B3 – Brasil, Bolsa, Balcão, uma empresa que atua nos mercados de bolsa e balcão. Em 2023 a B3 atinge mais de seis milhões de contas e mais de cinco milhões de investidores (CPFs) em renda variável, em um processo contínuo de popularização do investimento.

O Gráfico 1 demonstra a evolução do volume médio negociado diariamente na B3 a cada ano desde 2000 até o ano de 2022.

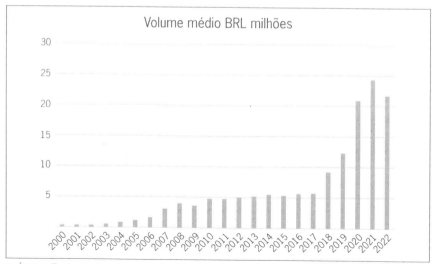

GRÁFICO 1 Evolução do volume médio diário de negociação de ações na B3.
Fonte: Comdinheiro.

O volume de negociação é acompanhado pelo valor de mercado das empresas listadas que fazem parte do Ibovespa B3. O Gráfico 2 demonstra que o valor de mercado evoluiu desde o ano 2000. No entanto, uma vez que esse valor é afetado pelo preço das ações, sofre queda em alguns períodos, como 2008 e 2015.

GRÁFICO 2   Valor de mercado das empresas listadas na B3.
Fonte: Comdinheiro.

As empresas listadas na B3, que têm suas ações negociadas em bolsa local, sofreram variação desde os anos 2000, conforme pode ser observado no Gráfico 3. No entanto, no período analisado, essa quantidade sempre ficou entre 400 e 500 empresas. Considerando que no país há mais de 19 milhões de empresas no ano de 2022 (Brasil, 2022), as empresas listadas representam ainda uma minoria.

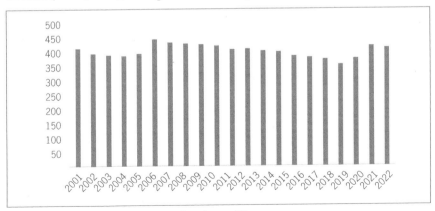

GRÁFICO 3   Quantidade de empresas listadas na B3.
Fonte: Comdinheiro.

Comparando essa quantidade com a de outros países, conforme o Gráfico 4, é possível identificar muitas oportunidades de crescimento no mercado brasileiro, já que outros países possuem uma maior quantidade de empresas listadas.

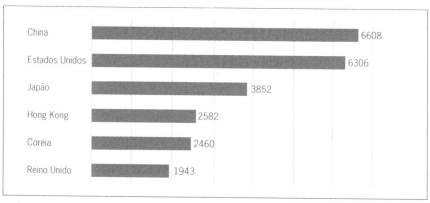

GRÁFICO 4 Quantidade de empresas listadas em outros países.
Fonte: World Federation of Exchanges.

O MERCADO DE CAPITAIS E A ECONOMIA

Para compreender a função econômica do Mercado de Capitais, é necessário conhecer o fluxo da renda e a participação dos agentes econômicos.

Esse fluxo, ilustrado na Figura 1, inicia-se com a contribuição das famílias, que investem na constituição de empresas, ou locam seus imóveis para o desenvolvimento das atividades produtivas. Essas empresas produzem bens e serviços, vendendo-os às famílias, que usam a renda gerada por lucros, aluguéis e salários pagos pelas empresas para a aquisição de bens e serviços, direcionando-os novamente às empresas.

A renda não gasta na aquisição de bens e serviços proporciona às famílias uma fração de retenção, que se chama poupança. Essa poupança pode ser direcionada para realizar novos investimentos por meio da aquisição de participação societária nas empresas ou aquisição de títulos de dívida.

O Mercado de Capitais atua nesse momento, proporcionando as condições necessárias para direcionar os recursos oriundos da poupança para as empresas, por meio da emissão e negociação de títulos de dívida e ações.

O excedente gerado pelas empresas pode ainda ser aplicado no Mercado de Capitais por meio de investimentos e participação em outras empresas por meio da aquisição de ações.

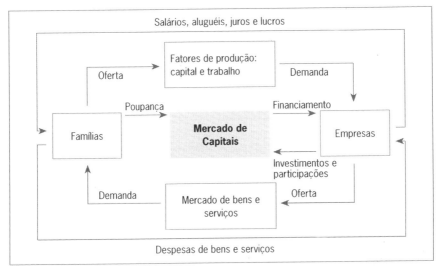

FIGURA 1   O fluxo circular da renda e o Mercado de Capitais.

Considerando que o desenvolvimento econômico de um país é um processo de expansão contínua da renda nacional, e que depende diretamente de investimentos nas empresas para seu crescimento, aumento no nível de emprego e renda, o Mercado de Capitais tem papel central nesse processo de desenvolvimento, já que atua diretamente na canalização dos recursos vindos da poupança para as atividades produtivas por meio de operações com valores mobiliários em mercados de bolsa ou balcão.

Um setor privado forte necessita de empresas capitalizadas, para que façam investimentos, gerem empregos e renda. Portanto, a economia necessita do Mercado de Capitais para promover o desenvolvimento econômico pela distribuição e circulação de valores.

Conceituação e Funcionamento do Mercado de Capitais

A função do Mercado de Capitais está ligada ao **Sistema Financeiro Nacional (SFN)**, que é responsável pela captação de recursos, distribuição e circulação de valores entre os agentes captadores, que requerem recursos para investimento, e os agentes poupadores, que possuem excedentes de recursos.

O conjunto de instituições pertencentes ao SFN é denominado de Mercado Financeiro. Seus instrumentos possibilitam a transferência dos recursos disponíveis e criam condições de liquidez. De acordo com as características, o Mercado Financeiro pode ser segmentado em quatro mercados específicos: Cambial, Monetário, de Crédito e de Capitais.

26 MERCADO DE CAPITAIS E BOLSA DE VALORES

Cada um desses mercados atende a diferentes necessidades e possui características distintas, conforme pode ser observado no Quadro 1, destacando que sua atuação não é isolada, já que há intensa integração entre as operações realizadas nos diferentes mercados.

QUADRO 1 Características dos Mercados Financeiros

Mercado	Função	Tipos de operações	Prazo das operações
Cambial	Conversão de moedas	Operações à vista e futuras	Curto prazo ou à vista
Capitais	Suprir necessidade de investimentos para capital de giro e capital fixo das empresas	Ações, debêntures, *bonds* e outros titulos	Médio e longo prazo
Crédito	Crédito para investimento e consumo	Empréstimos, financiamentos e arrendamento mercantil	Curto e médio prazo
Monetário	Controle da liquidez da economia	Títulos públicos e privados	Curto e curtíssimo prazo

Assim, pode-se dizer que o Mercado de Capitais é um dos segmentos do Mercado Financeiro, responsável pela distribuição de valores mobiliários (ações, debêntures, *bonds* e outros), com o propósito de viabilizar o financiamento e a capitalização das empresas. Neles são realizadas operações com títulos de prazos curto, longo e indeterminado, tais como o *comercial paper*, as debêntures e as ações, que permitem a circulação de capital para custear o desenvolvimento econômico.

Estrutura do Mercado de Capitais

A estrutura do Mercado de Capitais, inserido no contexto do SFN, apresenta como órgão maior o **Conselho Monetário Nacional (CMN),** que possui as funções normativas. Diretamente ligados a eles estão o **Banco Central do Brasil (Bacen),** como órgão executor, e a **Comissão de Valores Mobiliários (CVM),** que responde pela regulamentação do mercado. Em atuação conjunta com essas entidades, as Bolsas de Valores oferecem as condições para negociação de valores mobiliários.

Quando as operações são relativas à **capitalização de empresas** via mercado de capitais, participam como intermediários os **bancos de investimentos**, as **corretoras** e as **distribuidoras**, além dos agentes autônomos de investimentos.

A Figura 2 representa as relações entre os diferentes agentes do Mercado de Capitais, compondo o Sistema de Distribuição de Valores Mobiliários.

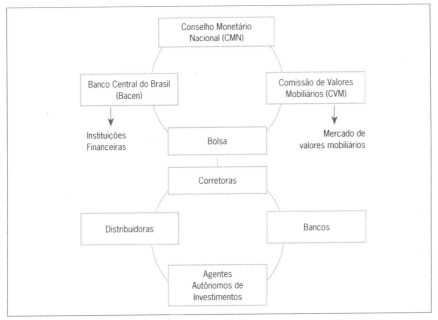

FIGURA 2   Sistema de distribuição de valores mobiliários.

Como **investidores** potenciais, atuam as instituições de previdência pública ou privada, as grandes seguradoras, os investidores estrangeiros, os fundos mútuos de ações nacionais, empresas e investidores individuais.

Regulação do Mercado de Capitais

Conforme descrito anteriormente, a estrutura do sistema financeiro apresenta como órgão maior o **CMN**, que possui as funções normativas e expede as diretrizes gerais para o bom funcionamento do sistema, além de coordenar as políticas monetária, de crédito, orçamentária e da dívida pública externa e interna.

Ao **Bacen** compete cumprir as normas expedidas pelo CMN. Suas principais funções, portanto, se relacionam com a manutenção da estabilidade monetária, proporcionar liquidez aos agentes econômicos, autorizar e fiscalizar as instituições financeiras, negociar títulos públicos emitidos pelo Tesouro Nacional e emitir papel moeda.

O **Comitê de Política Monetária (Copom)** é responsável por definir a taxa básica de juros da economia, a Selic, como um dos mecanismos de execução da política monetária. O objetivo é controlar a liquidez de meios de pagamento para manter a estabilidade monetária, ou seja, manter a inflação medida pelo IPCA dentro da meta definida pelo CMN.

A **CVM** é o órgão regulador e fiscalizador do mercado de valores mobiliários, viabilizando a captação de recursos para as empresas, protegendo os interesses dos investidores e garantindo a transparência nas informações a respeito das empresas emissoras dos valores mobiliários.

À CVM são atribuídas as seguintes competências:

- Fiscalizar as atividades e os serviços do mercado de valores mobiliários.
- Fiscalizar a veiculação de informações relativas ao mercado, às pessoas que dele participem e aos valores nele negociados.
- Fiscalizar e inspecionar as companhias abertas.

Cabe à **bolsa**, como órgão supervisionado pela CVM, fiscalizar quem nela atua, assim como as operações realizadas. No caso da **B3**, suas funções estão relacionadas com as seguintes atividades:

- Proporcionar um sistema de negociação para ativos de renda fixa, renda variável, derivativos e *commodities*.
- Realizar a liquidação e a compensação das operações concretizadas pelos agentes, exercendo, portanto, o papel de *clearing*.
- Atuar como central depositária dos títulos e valores mobiliários, garantindo que os títulos sejam devidamente registrados em nome dos investidores.
- Atuar como contraparte central (CCP) garantidora para a maior parte das operações realizadas nos mercados, constituindo uma estrutura de salvaguarda aos agentes e investidores.

Além dessas funções, a B3 possui uma área responsável pela autorregulação, monitoramento, supervisão e fiscalização dos mercados de capitais, a **Supervisão de Mercados (BSM)**. Essas atividades são desempenhadas por meio de:

- Orientações para as instituições a respeito do procedimento dos mercados.
- Auditoria e supervisão das instituições financeiras e demais participantes dos mercados.
- Monitoramento das operações e dos negócios realizados em bolsa e balcão organizado.
- Gestão do Mecanismo de Ressarcimento de Prejuízos (MRP) aos investidores.
- Aplicação de medidas disciplinares aos que infringem as normas.

MERCADO PRIMÁRIO E SECUNDÁRIO DE AÇÕES

Para cumprir sua função de proporcionar o direcionamento de recursos para os investimentos produtivos e oferecer ainda um ambiente seguro e transparente para os investidores, o Mercado de Capitais possui um funcionamento que se divide em dois momentos distintos.

O primeiro é aquele em que as empresas captam recursos dos investidores para a atividade produtiva, constituindo o chamado Mercado Primário. O segundo momento ocorre quando as ações e os títulos são negociados entre os investidores, formando o chamado Mercado Secundário.

O bom funcionamento do Mercado de Capitais depende da existência desses dois mercados, que são descritos em maiores detalhes a seguir.

Mercado Primário de Ações

Neste mercado, as empresas emitem títulos e valores mobiliários, como ações, para captar dos investidores recursos destinados ao caixa ou para projetos de investimentos. É nesse momento que ocorre a chamada Oferta Pública Inicial (ou *Initial Public Offering – IPO*).

Ao emitir ações e títulos, as empresas oferecem ao mercado novas oportunidades de investimento, captando recursos para as atividades produtivas. Conforme pode ser observado no Gráfico 5, os recursos captados por meio de *IPOs* e *Follow on* fluem dos investidores para as empresas, com o auxílio dos agentes participantes do Mercado Primário, como bolsa de valores, corretoras e distribuidoras de títulos e valores mobiliários. Os investidores recebem as ações e títulos, e as empresas recebem os recursos enviados pelos investidores.

Sendo assim, o Mercado Primário é o principal mecanismo de direcionamento de recursos dos investidores para as empresas.

É importante destacar que as ofertas realizadas no Mercado Primário podem ser de novas ações emitidas pelas empresas ou de ações existentes, anteriormente possuídas por outros acionistas. Assim, a oferta de ações no Mercado Primário pode ser uma **oferta primária** ou **secundária**.

A **oferta primária** consiste no lançamento e venda de novas ações, elevando o capital da empresa e a quantidade total de ações. Nesse caso, a totalidade dos recursos flui diretamente para a empresa.

Na **oferta secundária**, as ações negociadas são vendidas por acionistas controladores ou que possuem uma participação significativa no capital da empresa, passando nesse momento a ter uma menor participação ou até mesmo deixando a sociedade. Na oferta secundária, os recursos fluem dos investidores novos para os antigos acionistas.

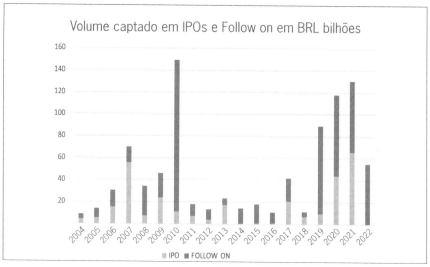

GRÁFICO 5 Volume captado pelas empresas em emissões de ações.
Fonte: B3.

É muito frequente que as ofertas públicas mesclem a oferta primária com a oferta secundária, ou seja, parte dos recursos flui para a empresa e parte flui para os acionistas, constituindo a **oferta mista**.

Ainda quanto ao momento em que a oferta de ações é realizada, quando a empresa faz a oferta pública pela primeira vez, a oferta é denominada, como colocado anteriormente, **Oferta Pública Inicial (IPO)**. Já as ofertas subsequentes, realizadas por empresas que possuem ações negociadas publicamente, é denominada *Follow on*.

Para que uma empresa efetue a oferta pública de ações, diversos requisitos são exigidos pela CVM e pela B3, com destaque para os seguintes itens:

- Apresentar a natureza jurídica de Sociedade por Ações, ou S.A.
- Possuir registro de companhia na categoria A da CVM, possuindo regime completo de divulgação de informações.
- Apresentar as demonstrações financeiras auditadas ao menos nos últimos três anos, por auditor registrado na CVM. Caso a empresa tenha menos de três anos, as demonstrações financeiras devem ser auditadas desde a sua constituição.
- Possuir um departamento de Relações com Investidores constituído pelo Estatuto e um Conselho de Administração.

O processo de abertura de capital conta com diversas etapas, iniciando com a preparação interna, adequando a estrutura de Governança Corporativa e preparando os colaboradores. Posteriormente, ocorre a preparação da documentação e divulgação da oferta, quando os documentos são elaborados e os registros são efetuados na CVM e B3. Então é realizada a busca por investidores, coleta de intenções de compra e preços (processo também conhecido como *bookbuilding*) e definição do preço da ação.

O processo é finalizado 30 dias após o início da negociação das ações, quando ocorre o período de estabilização da negociação.

Participam do processo de abertura de capital diversos agentes. Os bancos coordenadores da oferta fazem o gerenciamento do processo como um todo, efetuam a divulgação da oferta, elaboram o *valuation* para auxiliar no processo de precificação e contribuem para a estabilização do preço das ações após o início da negociação. Os auditores emitem os respectivos relatórios com o parecer sobre as demonstrações financeiras da empresa. Os assessores legais auxiliam na preparação dos documentos para apresentar à CVM e B3. A CVM é responsável por receber a documentação e registrar a empresa como companhia aberta. E, por fim, a B3 é responsável pela listagem da empresa, admissão para o início da negociação e liquidação dos negócios realizados.

Mercado Secundário de Ações

No Mercado Secundário, os investidores negociam e transferem entre si os valores mobiliários emitidos pelas empresas. A empresa não participa da operação, e a transferência dos recursos e da propriedade dos títulos é realizada na bolsa por intermédio das corretoras.

Enquanto o Mercado Primário possui a função de canalizar os recursos dos investidores para as empresas, o Mercado Secundário tem a função de prover liquidez suficiente para que as ações possuam valor de mercado conhecido de forma transparente.

A liquidez está relacionada com a capacidade de converter as ações em recursos financeiros quando o investidor desejar vender ações. O Mercado Secundário promove essa liquidez por meio do ambiente de negociação e a participação de corretoras de valores mobiliários, que recebem as ordens dos investidores e registram as ofertas na bolsa. Além disso, essa estrutura permite que um investidor acesse de forma imediata oportunidades de investimento entre as companhias abertas, adquirindo ações de empresas listadas.

Possuindo negociações em mercado de bolsa, as ações das empresas apresentam ainda valores de mercado determinados pela oferta e demanda, e por isso é possível saber em tempo real o valor de mercado das empresas listadas.

No Capítulo 4 o processo de negociação de ações é detalhado, com tipos de ordens e formas de negociação das ações.

2

Títulos e Valores Mobiliários

Conforme a lei 6385/1976, são considerados valores mobiliários, quando ofertados publicamente, quaisquer "títulos ou contrato de investimento coletivo, que gerem direito de participação de parceria ou de remuneração, inclusive resultante de prestação de serviços, cujos rendimentos advém do esforço do empreendedor ou de terceiros." (Brasil, 1976).

Em relação ao texto acima, vale destacar e interpretar alguns pontos, tendo em vista as características dos títulos e valores mobiliários.

Uma vez que esses títulos ou contratos de investimento são ofertados publicamente, é requerida uma rígida fiscalização dos agentes emissores, distribuidores e demais participantes de sua comercialização.

Os direitos de participação e parceria estão relacionados com o compartilhamento dos retornos e riscos, uma característica inerente ao mercado de valores mobiliários.

A remuneração a que se refere o texto engloba o rendimento estável das debêntures e cotas de fundos de renda fixa.

Os valores mobiliários são todo investimento realizado em função de uma captação pública de recursos, para fornecer capital de risco a um empreendimento, no qual o investidor não tem a gestão do negócio, mas espera obter ganho futuro.

São eles:

1. Ações: títulos patrimoniais sem vencimento, que conferem ao seu titular os direitos e deveres de um sócio, proporcionalmente à quantidade de ações possuídas.
2. Debêntures e notas promissórias comerciais (*comercial papers*): títulos de dívida com ou sem vencimento, que asseguram ao seu titular o direito de crédito contra a empresa emissora.
3. Bônus, direitos e recibos de subscrição: caracterizam o direito do acionista de adquirir mais ações de uma empresa da qual já é acionista.
4. Certificados de depósitos de valores mobiliários: conhecidos pelas siglas BDR (Brazilian Depositary Receipt) e ADR (American Depositary Receipt), representam outros valores mobiliários, geralmente ações, emitidos por empresas com sede no exterior.

5. Cédulas de debêntures: são títulos emitidos por instituições financeiras bancárias, com a finalidade de captar recursos para adquirir debêntures de companhias.
6. Contratos futuros, de opções e outros derivativos: são ativos cujo valor depende do valor de outro ativo ou mesmo de outro derivativo. São largamente usados com a finalidade de proteção contra riscos, para especular com o valor dos ativos, para praticar investimentos alavancados e para aproveitar oportunidades decorrentes de diferenças de preços em mercados distintos.
7. Outros títulos ou contratos ofertados publicamente: quaisquer outros títulos de dívida, propriedade ou participação que sejam ofertados ao público em geral também podem ser classificados como valores mobiliários.

Assim sendo, são valores mobiliários:

A. Todos os mencionados anteriormente.
B. Quaisquer outras criados por lei ou regulamentação específica, como os certificados de recebíveis imobiliários (CRI), os certificados de investimentos audiovisuais e as cotas de fundos de investimento imobiliário (FII), entre outros.

A legislação retira da lista de valores mobiliárias os títulos da dívida pública.

Os títulos e valores mobiliários oferecem ao proprietário um conjunto de direitos e deveres. São investimentos realizados em razão de uma captação pública de recursos para fornecer capital de recurso a um empreendimento.

O investidor escolhe um emissor de valores mobiliários ou gestor de carteira. Portanto, aceita que o retorno dependa do resultado obtido pelo emissor ou do trabalho desses administradores.

PRINCIPAIS VALORES MOBILIÁRIOS EMITIDOS POR COMPANHIAS DO TIPO SOCIEDADE ANÔNIMA

Os valores mobiliários emitidos por Sociedades Anônimas podem ser classificados conforme a sua remuneração e previsibilidade dos rendimentos em Renda Fixa e Renda Variável. A seguir são descritos e exemplificados esses tipos de títulos.

A. Títulos de Renda Variável
Os títulos de renda variável são caracterizados por não existir previsão dos rendimentos futuros, já que esses dependem de um resultado futuro obtido, como o lucro de uma empresa ou de um empreendimento imobiliário. Assim,

o valor investido nesses títulos pode oscilar ao longo do tempo, em função das condições de oferta e demanda, não em função de indicadores e variáveis preestabelecidos. Dessa forma, o valor de resgate poderá ser superior, igual ou inferior ao da aplicação.

O Quadro 1 demonstra os principais títulos de renda variável, divididos entre mercado à vista, representando os títulos cuja negociação representa a transmissão imediata dos respectivos direitos, e derivativos, cujo valor depende de um outro ativo, chamado ativo objeto.

QUADRO 1   Principais títulos de renda variável

Mercado à vista	Derivativos
• Ações	• Opções
• Fundos de investimento imobiliário (FIIs)	• Contratos futuros
• BDRs (Brazilian Depositary Receipts)	• *Swaps*
• ETFs (Exchange Traded Funds)	• Contratos a termo
• Units	

As ações são os títulos de renda variável mais conhecidos, conferindo ao seu titular uma participação no capital social da empresa. Ao adquirir ações, o investidor torna-se sócio da companhia, passando a ter direitos sobre os lucros e participação nas decisões, proporcionalmente à quantidade de ações que detém.

Além das ações, as empresas podem emitir bônus de subscrição, que conferem aos atuais acionistas o direito de adquirir ações em uma oferta subsequente, na mesma proporção das ações possuídas.

Os outros tipos de títulos de renda variável podem estar associados às ações, como é o caso dos BDRs, Units e da maioria dos ETFs, ou serem emitidos por outro tipo de entidade, como é o caso das cotas de Fundos de Investimento Imobiliário (FIIs).

B. Títulos de Renda Fixa

Os títulos de renda fixa se caracterizam por possuir um fluxo de pagamentos conhecido e a rentabilidade definida por meio de indicadores e variáveis preestabelecidos. Assim, o investidor conhece antecipadamente as condições para o valor de resgate que vai obter no final do prazo da aplicação.

Ao adquirir um título de renda fixa, como as debêntures ou *commercial papers*, o investidor realiza um empréstimo para a empresa emissora dos títulos, tornando-se credor, mediante o recebimento de juros.

O rendimento dos títulos pode ser fixo (com uma taxa prefixada na emissão), ou determinada por um indexador (com uma taxa pós-fixada).

MERCADO DE AÇÕES

As ações, conforme descrito anteriormente, representam uma fração do capital de uma empresa. Portanto, ao comprar uma ação, o investidor torna-se sócio da empresa, com direitos aos resultados e à participação nas decisões. Além disso, a finalidade do mercado de ações, ao conferir aos investidores os direitos de um sócio, é justamente captar recursos para financiar o investimento das empresas. Ao analisarmos a origem do mercado de ações, fica clara a relação entre a emissão desses títulos e o investimento produtivo.

O mercado de ações em algumas ocasiões é associado à especulação, às operações de curto prazo e à velocidade com que um investidor pode adquirir ou vender ações. Os intensos movimentos de valorização e desvalorização levam à falsa interpretação de que se trata de um mercado de apostas.

Contudo, esse mercado constitui um dos principais mecanismos de fomento ao crescimento e desenvolvimento econômico. A seguir será descrita a origem desse mercado e a sua contribuição histórica e econômica

A origem do Mercado de Ações

No século XVII, o governo holandês, empenhado em obter recursos para financiar as navegações e enfrentar a hegemonia de Espanha e Portugal nas rotas de comércio, viu a possibilidade de captar recursos e diluir o risco para o empreendimento, vendendo participações na Companhia Holandesa das Índias Orientais para a população.

Quem adquirisse essa participação teria direito aos lucros obtidos com expedições, mas também arcaria com os riscos, que não eram baixos, já que parte das embarcações que partia da origem sequer retornava.

A oferta das participações, ou seja, das ações, foi um sucesso, os recursos foram captados e a Companhia das Índias tornou-se a maior e mais lucrativa empresa da época. Dadas as condições permitidas para vender as ações a outros investidores, promovendo assim liquidez aos investimentos, parte dos investidores já tinha vendido suas ações a outros interessados em alguns anos.

Nota-se aqui a presença de diversos aspectos importantes quanto ao investimento em ações. O primeiro deles é a diluição do investimento, pois era requerido um elevado montante para financiar a construção dos navios e manutenção das tripulações por um longo período até o retorno. A participação de diversos investidores permitiu a obtenção dos recursos e a diluição do risco, pois não foi necessário que apenas um investidor comprometesse um grande volume de recursos no empreendimento.

Outro aspecto fundamental é a liquidez. Como foram proporcionados mecanismos para negociação das ações previamente adquiridas, os investidores puderam realizar o investimento em um prazo à sua escolha, bastando vender as ações a outros interessados.

A distribuição dos resultados também é um componente importante, pois os resultados das expedições não eram garantidos, assim como os lucros auferidos; assim, fica clara a caracterização do investimento como renda variável.

Conceito de ações

- Ações são títulos que conferem a propriedade da menor parcela em que se divide o capital social de uma empresa.
- O investidor que adquire uma ação passa a ser um dos proprietários da empresa com direito a participar nos seus resultados (lucros) na proporção do número de ações possuídas.
- Concede ao acionista outros direitos, como fiscalização, informação e preferência na subscrição (compra) de novas ações por aumento do capital social, assim como direito de venda (*tag along*) ao novo controlador, por ocasião da transferência do controle da companhia.

Especificações e direitos das ações

As ações, como parte do capital das empresas, podem apresentar diferentes características quanto aos direitos que conferem aos seus detentores. Por esse motivo, são classificadas conforme itens a seguir.

- **Ações ordinárias (O)**
  Têm como principal característica o direito a voto, que é a forma de o acionista se posicionar nas deliberações da assembleia, participando assim das principais decisões estratégicas da companhia. A proporção de ações possuídas em relação ao total de ações emitidas pela empresa determina a influência de cada acionista nas decisões. O acionista que possuir a maior parte das ações com direito a voto detém o controle da empresa. É conhecido como acionista majoritário.

- **Ações preferenciais (P)**
  Não têm direito a voto, em compensação oferecem algumas vantagens. Prioridade no recebimento de dividendo e no reembolso de capital, caso a empresa seja liquidada.

- **Nominativas (N)**

As ações, tanto ordinárias como preferencias, são do tipo nominativas, ou seja, devem necessariamente pertencer a uma pessoa natural ou jurídica, que constará do livro de acionistas da empresa. Em 1990, foram extintas as ações do tipo ao portador, restando apenas as ações nominativas. Dessa forma, as ações preferenciais e ordinárias são codificadas com as siglas ON e PN, que representam respectivamente as ações Ordinárias Nominativas e ações Preferenciais Nominativas.

- **Ações de fruição ou partes beneficiarias**

Ações de raríssima emissão, que se limitam a oferecer certos direitos previstos nos estatutos, estabelecendo alguns interesses específicos de seus fundadores. Não são objetos de negociação em bolsa.

- **Classes de ações**

As sociedades anônimas de capital aberto podem ter ações preferencias com diferentes classes que indicam vantagens, as quais obrigatoriamente devem constar nos estatutos. São representadas pelas letras A, B, C, D. Portanto poderão existir ações PNA, PNB, PNC, PND.

Para ilustrar, apresentamos a seguir um exemplo. A empresa COPEL, Companhia Paranaense de Energia, possui ações preferenciais PNA e PNB, conforme o estatuto da empresa, cada uma das classes de ações confere aos titulares condições distintas em relação ao recebimento dos dividendos.

As ações preferenciais classe A (PNA) têm prioridade no recebimento de dividendos mínimos de 10% ao ano, calculados com base no capital da empresa. Já as ações preferenciais classe B (PNB) têm prioridade na distribuição de dividendos equivalentes a no mínimo 25% do lucro líquido (COPEL, 2022).

Proporção de ações no capital social

- Conforme a atual lei das S.As, publicada em 2001, no mínimo 50% das ações que compõem o capital social devem ser ordinárias. Nesse caso o acionista detentor de 50% mais uma dessas ações terá o controle da empresa, já que a cada ação ordinária corresponde o direito de 1 voto.
- Antes de 2001, a quantidade mínima de ações ordinárias era de 33,33% e a alteração não obrigou todas as empresas se adaptarem ao novo limite. Isso significa que podem permanecer listadas em bolsa empresas com uma proporção de ações ordinárias inferior a 50%.

Valores de referência das ações

As ações podem apresentar diferentes valores, cada um deles obtido a partir de um parâmetro diferente. O valor nominal e o valor patrimonial são calculados a partir das informações contábeis. Já o valor intrínseco, ou valor justo, é calculado a partir das expectativas futuras de resultados. O valor de mercado, ou preço da ação, é o valor pelo qual as ações são negociadas em um mercado de bolsa de valores. O valor de emissão ou subscrição é aquele pelo qual as ações são vendidas na emissão.

A seguir descrevemos em detalhes cada um desses valores.

- **Valor nominal**

O valor nominal é determinado pela empresa no estatuto social, sendo calculado pela razão entre o capital social e o número de ações, conforme demonstrado a seguir.

$$\text{valor nominal} = \frac{\text{capital social}}{\text{quantidade de ações}}$$

Se uma empresa possui, por exemplo, um capital social de R$ 800 milhões e uma quantidade total de 400 milhões de ações, o valor nominal da ação será de R$ 2,00, ou seja, R$ 800 milhões divididos por 400 milhões de ações.

- **Valor Patrimonial**

O valor patrimonial da ação (VPA) é o valor contábil de cada ação, calculada pelo valor do patrimônio líquido do balanço dividido pelo número de ações, conforme demonstrado a seguir.

$$\text{VPA (Valor Patrimonial da Ação)} = \frac{\text{patrimônio líquido}}{\text{quantidade de ações}}$$

Suponha, a título de exemplo, que uma empresa possua em dado momento um valor do patrimônio líquido de R$ 1,20 bilhão e uma quantidade total de 400 milhões de ações. Nesse caso, o VPA será de R$ 3,00, ou seja, R$ 1,20 bilhão divididos por 400 milhões de ações.

- **Valor intrínseco**

O valor intrínseco, ou valor justo, é calculado pelos analistas de ações, visando avaliar a sua atratividade para investimento. Esse valor é calculado a partir da expectativa de resultados futuros, no processo de análise fundamentalista.

Valor de Mercado

O valor de mercado da ação, ou preço da ação, é aquele correspondente à cotação da ação em bolsa de valores. A oscilação do preço ocorre de acordo com a oferta ou demanda pelos investidores. Se a demanda é elevada, a tendência é que o preço suba, mas se a oferta é elevada, a tendência é que o preço caia. O valor de mercado da companhia como um todo, conhecido também como *market capitalization*, pode ser obtido pela multiplicação do valor de mercado da ação pela quantidade total de ações em circulação, conforme demonstrado a seguir.

$$market\ capitalization = preço\ da\ ação \times quantidade\ de\ ações$$

Valor de emissão (subscrição)

O valor de emissão ou subscrição corresponde ao preço de emissão fixado pela empresa, quando ela decide aumentar seu capital. O processo de fixação do preço envolve algumas etapas, inclusive o cálculo do valor intrínseco, coleta de ofertas de investidores de grande porte (*bookbuilding*) e a divulgação pública, por meio dos prospectos de emissão. Esse valor deverá ser inferior ao valor de mercado e nunca poderá ser inferior ao seu valor nominal.

Remuneração e benefícios para os acionistas

Os rendimentos com o investimento em ações podem decorrer da venda das ações com lucro, ou da distribuição dos resultados da companhia por meio dos proventos.

Tais proventos podem ser distribuídos:

- Em dinheiro, com os dividendos e juros sobre capital próprio.
- Com o exercício de um direito que representa um ganho financeiro, são eles o direito (ou bônus) de subscrição e a bonificação com ações.

A. Proventos em dinheiro pagos por meio de dividendos

Os dividendos correspondem à parte do lucro da companhia que é distribuído aos acionistas. A lei das S.As. determina que a parcela mínima do lucro a ser distribuída pode ser definida pelo estatuto, ou, quando esse não prever um dividendo mínimo, corresponderá a 25% do lucro líquido apurado pela empresa.

Obedecendo a essas regras, a assembleia delibera o percentual do lucro a ser distribuído em cada período.

Cada empresa estabelece sua política de distribuição de dividendo, conforme o ritmo de crescimento e o investimento requerido para promover gastos com expansão das atividades produtivas. Empresas com ritmo de crescimento baixo, que estão com caixa estabilizado, tendem a pagar dividendos maiores, mas as que estão em fase de crescimento podem oferecer *payouts* (porcentagem de distribuição de dividendos) baixos, pois requerem o reinvestimento dos lucros para utilizar na expansão das atividades.

Os dividendos pagos aos acionistas representam um rendimento isento de imposto de renda (IR), uma vez que o lucro distribuído já sofreu a incidência do imposto de renda para as pessoas jurídicas (IRPJ).

B. Proventos em dinheiro pagos por meio de juros sobre o capital próprio

Os juros sobre o capital próprio (JCP) se assemelham aos dividendos, uma vez que ambos são pagos em dinheiro e representam uma remuneração sobre o capital investido. Esse mecanismo foi criado pela lei nº 9.249 de 1995, e o pagamento de juros representa para a empresa uma vantagem fiscal, pois pode contabilizar como despesa financeira, reduzindo a base de cálculo do imposto de renda. Já os acionistas pagam 15% de I.R. na fonte ao receber juros sobre o capital próprio.

O Quadro 2 apresenta as principais diferenças entre dividendos e juros sobre o capital próprio.

QUADRO 2 Comparação entre dividendos e juros sobre o capital próprio

Dividendos	Juros sobre capital próprio (JCP)
Distribuição obrigatória	Distribuição voluntária
Empresa retém a tributação	Empresa reduz base para I.R.
Acionista isento de I.R.	Acionista paga I.R. na fonte

C. Indicadores de pagamento de dividendos e juros sobre o capital próprio

Dividendos e juros sobre o capital próprio pagos pelas companhias podem ser medidos em relação à porcentagem distribuída, por meio de um indicador chamado *payout*, calculado pela razão entre o valor de dividendos e juros sobre o capital próprio (JCP) distribuídos em dado período e o lucro líquido apurado no mesmo período, de acordo com a fórmula a seguir.

$$Payout = \frac{\text{Dividendo} + \text{JCP}}{\text{Lucro líquido do exercício}}$$

A título de exemplo, se uma companhia apurou lucro líquido de R$ 40 milhões em um ano, distribuindo R$ 4 milhões em dividendos e JCP, o *payout* será 10%, conforme demonstrado a seguir.

$$Payout = \frac{4 \text{ milhões}}{40 \text{ milhões}} = 0,10 = 10\%$$

Nesse caso, 10% dos lucros serão distribuídos como dividendos e JCP e os demais 90% permanecerão na empresa para investimento.

Quanto maior o *payout*, menor a produção de recursos próprios para investimento, já que uma maior parcela dos lucros será distribuída aos acionistas.

Quanto menor o *payout*, maior a propensão de retenção de lucros, geralmente destinados ao investimento no crescimento da empresa.

Outra importante medida relacionada aos dividendos é o *dividend yield*, que indica a remuneração dos acionistas sobre o capital investido. Seu cálculo é obtido pela razão entre o valor dos dividendos e JCP distribuídos por ação e o preço de mercado da ação, de acordo com a fórmula a seguir.

$$Dividend\ Yield = \frac{\text{Dividendo} + \text{JCP por ação}}{\text{Preço de mercado por ação}}$$

Por exemplo, se uma companhia distribui dividendos e JCP de R$ 1,20 por ação em um ano e o preço de mercado da ação é R$ 20,00, o *dividend yield* será de:

$$Dividend\ Yield = \frac{1,20}{20} = 0,06 = 6\% \text{ ao ano}$$

Esse resultado indica que a rentabilidade do acionista com os dividendos foi de 6% no ano. Quanto maior o *dividend yield*, maior será a atratividade da ação para investidores que buscam essa forma de rendimentos.

D. Bonificação com ações

A bonificação consiste na distribuição gratuita aos acionistas de novas ações, em função do aumento de capital realizado com recursos próprios da companhia, por incorporação de reservas ou reavaliação de ativos.

Esse evento não proporciona ganho patrimonial aos acionistas, já que consiste em uma transação contábil, que não envolve fluxo financeiro entre os acionistas e a companhia. A título de exemplo, o Quadro 3 apresenta a comparação das principais contas do patrimônio líquido de uma companhia antes e depois de uma bonificação equivalente a 40% do capital social. Note que a elevação no valor de 40 foi incorporado ao capital social e reduzido de reservas.

MERCADO DE CAPITAIS E BOLSA DE VALORES

QUADRO 3   A bonificação com ações e a evolução do patrimônio líquido contábil da companhia

Situação patrimonial – 40% de Bonificação			
Antes		Depois	
Patrimônio Líquido		Patrimônio Líquido	
Capital	100	Capital	140
Reservas	60	Reservas	20
Total	160	Total	160

Observando agora a perspectiva dos acionistas, suponha ainda, que a empresa possuísse anteriormente 100 ações, cada uma com valor patrimonial de R$ 1,00 e valor de mercado de R$ 2,80. Ao bonificar os acionistas com novas ações, a companhia elevaria a quantidade de ações em 40% também. Portanto, um acionista que possuísse 10 ações, receberia outras 4, ficando então com 14. Nesse caso, o valor de mercado das ações sofreria um ajuste, passando de R$ 2,80 para R$ 2,00, refletindo a manutenção do patrimônio dos acionistas.

Anteriormente à bonificação, seu patrimônio ao valor de mercado seria de 10 x R$ 2,80 = R$ 28,00.

Após a bonificação, o patrimônio seria de 14 x R$ 2,00 = R$ 28,00, mantendo assim o patrimônio anterior ao evento.

O Quadro 4 resume a situação da empresa considerando os exemplos dados anteriormente.

QUADRO 4   A bonificação com ações e a composição do valor da empresa

Situação patrimonial – 40% de Bonificação	
Antes	Depois
Valor de mercado da ação: R$ 2,80	Valor de mercado da ação: R$ 2,00
Quantidade de ações: 100	Quantidade de ações: 140
Valor de mercado da empresa R$ 280	Valor de mercado da empresa: R$ 280

E. Direito (Bônus) de subscrição

Os bônus de subscrição representam títulos negociáveis, emitidos pelas companhias abertas, que conferem aos títulos o direito de subscrever (comprar) ações da empresa. Esses títulos são emitidos no momento de uma nova emissão de ações da empresa e distribuídos aos atuais acionistas, assegurando a esses o direito de compra de novas ações, na proporção das já possuídas.

Os bônus garantem aos acionistas o direito de compra das novas ações, protegendo-os da diluição de sua participação societária.

Se um acionista, por exemplo, tiver em dado momento 10% das ações de uma empresa que faz uma emissão subsequente (*follow on*), a empresa concederá a esse acionista o direito de comprar 10% do total de novas ações emitidas. Esse direito será assegurado por meio dos bônus de subscrição, que poderá ser negociado em bolsa pelos acionistas que o receberem.

Assim, os acionistas que possuem ações da empresa receberão bônus de subscrição, que darão o direito de adquirir as ações a um preço definido pela empresa. Esse preço deverá ser menor que o preço de mercado das ações na bolsa, para viabilizar a companhia realizar a captação de recursos pretendidos.

O objetivo da empresa ao realizar as novas emissões é captar recursos para seu fluxo de caixa ou para projetos de expansão. O Quadro 5 demonstra a comparação da situação patrimonial da empresa antes e depois da nova emissão de ações.

QUADRO 5 Comparação do patrimônio líquido de uma empresa antes e depois de uma subscrição de ações

Situação patrimonial – 25% de subscrição		
Antes	Depois	
Patrimônio Líquido	Patrimônio Líquido	
Capital 100	Capital	100
	Capital subscrito	25
	Novo Capital	125

F. *Split* (desdobramento)

O *split* ou desdobramento das ações consiste na distribuição gratuita de novas ações aos acionistas sem a alteração do capital social da empresa. Na prática, ocorre a divisão de cada ação em partes menores.

Esse processo ocorre por decisão da empresa, geralmente quando o preço das ações no mercado se eleva demais e dificulta a sua liquidez. Efetuado o desdobramento das ações existentes, os preços se reduzem na mesma proporção.

Suponha que uma ação esteja cotada a R$ 40,00 e a empresa decida realizar um *split* de 1 para 10. Cada ação terá seu preço ajustado de R$ 4,00 e, para cada ação possuída anteriormente, o investidor passará a possuir 10 ações. No Quadro 6 exemplificamos a situação de um investidor que possuía 100 ações antes do *split* e os impactos do evento na sua situação patrimonial.

QUADRO 6 Impacto do *split* de 1 para 10

Patrimônio do investidor	
Antes	Depois
Valor de mercado da ação: R$ 40,00	Valor de mercado da ação: R$ 4,00
Quantidade de ações: 100	Quantidade de ações: 1.000
Patrimônio total do investidor: R$ 4.000,00	Patrimônio total do investidor R$ 4.000,00

G. *Inplit* (grupamento)

Esse evento é o contrário do *split*, ou seja, é realizado o grupamento das ações, de forma a reduzir a quantidade de ações.

Suponha um *inplit* de 100 para 1. Nesse caso, o investidor que possuía 100 ações passa a ter 1 ação.

A decisão de realizar o grupamento das ações também parte da empresa e se justifica por uma cotação muito baixa, implica na negociação de uma quantidade exagerada de ações. Além disso, o valor baixo das ações leva a uma maior volatilidade, já que o valor mínimo de variação de preço das ações é de R$ 0,01.

Para ilustrar a situação, suponha que uma ação seja negociada ao preço de R$ 0,10. Nesse caso, se a ação sofrer um aumento ou redução mínima de preços de R$ 0,01, a variação porcentual será de 10%.

Com o grupamento, por exemplo, de 1.000 para 1, cada ação anteriormente cotada a R$ 0,10 passará a ter preço de R$ 10,00; e o investidor, que anteriormente possuísse, por exemplo, 1.000 ações, passará a ter apenas 10. O Quadro 7 ilustra o efeito do grupamento sobre preço e patrimônio do investidor.

QUADRO 7   Impacto do *inplit* de 100 para 1

Patrimônio do investidor	
Antes	Depois
Valor de mercado da ação: R$ 0,10	Valor de mercado da ação: R$ 10,00
Quantidade de ações: 1.000	Quantidade de ações: 10
Patrimônio total do investidor R$ 100,00	Patrimônio total do investidor R$ 100,00

H. *Units*

As *units* são certificados que representam diversos tipos de ativos para negociação em conjunto. Isso significa que ao negociar uma *unit*, o investidor está negociando diferentes tipos de valores mobiliários reunidos em um único ativo.

Atualmente as *units* mais comuns são compostas de ações ordinárias e preferenciais. Portanto, ao possuir uma *unit*, o investidor terá ao mesmo tempo os benefícios de ambos os tipos de ações.

A decisão de emitir *units* parte da direção da empresa, com a finalidade de adotar estratégias de governança, mantendo as ações de dois tipos, mas emitindo os certificados que asseguram os direitos aos acionistas.

A combinação da quantidade de ativos de cada tipo varia conforme a empresa; por exemplo, é possível combinar uma quantidade igual ou diferente de ações preferenciais ou ordinárias, conforme o Quadro 8.

CAPÍTULO 2 • TÍTULOS E VALORES MOBILIÁRIOS **45**

QUADRO 8   Exemplos de combinações de ações em *units*

Empresa	Composição das *Units*
ABC	1 ação ON + 1 ação PN
XYZ	1 ação ON + 5 ações PN

Atualmente há algumas empresas que possuem *units* negociadas na B3. O Quadro 9 apresenta as empresas, os códigos e as respectivas composições de ações ordinárias (ON) e preferenciais (PN).

QUADRO 9   *Units* negociadas na B3

Nome de Pregão	Código	Composição
Alupar	ALUP11	1 ação ON + 2 ações PN
BR Partners	BRBI11	1 ação ON + 2 ações PN
BTGP Banco	BPAC11	1 ação ON + 2 ações PN
Copel	CPLE11	1 ação ON + 4 ações PNB
Energisa	ENGI11	1 ação ON + 4 ações PN
Getnet	GETT11	1 ação ON + 1 ação PN
Iguatemi S.A	IGTI11	1 ação ON + 2 ações PN
Klabin	KLBN11	1 ação ON + 4 ações PN
Modalmais	MODL11	1 ação ON + 2 ações PN
PPLA	PPLA11	1 BDR A + 2 BDR B
Renova	RNEW11	1 ação ON + 2 ações PN
Rodobens	RBNS11	1 ação ON + 2 ações PN
Sanepar	SAPR11	1 ação ON + 4 ações PN
Santander BR	SANB11	1 ação ON + 1 ação PN
Sul América	SULA11	1 ação ON + 2 ações PN
Taesa	TAEE11	1 ação ON + 2 ações PN

Fonte: B3.

DEBÊNTURES

As debêntures são títulos representativos de dívida, emitidos pelas sociedades anônimas, vinculados a uma escritura registrada em cartório, que estabelece prazo de resgate, remuneração e garantia. Os investidores que adquirem uma debênture têm direitos de crédito contra a companhia emissora, conforme condições determinadas pela escritura.

Trata-se de um título de longo prazo, com a garantia sendo ativos da própria empresa ou fiança bancária. Em geral, os recursos captados pelas empresas com a emissão desses títulos se destinam a realizar investimentos de médio e longo prazos, como financiamento de projetos de investimento, aquisição de equipamentos, abertura de novas unidades de negócio, financiamento do capital de giro, alongamento do perfil do endividamento e aquisição de participações societárias.

As debêntures apresentam grande flexibilidade em relação aos prazos, garantias e fluxo de pagamentos, facilitando a adequação dos pagamentos de juros e amortizações à previsão de recursos gerados pelos investimentos e disponibilidade de recursos das empresas.

As debêntures incentivadas se distinguem das demais pela sua finalidade e forma de tributação. Sua emissão se destina a captar recursos obrigatoriamente alocados em obras de infraestrutura, em setores como transporte, energia, saneamento básico, logística, telecomunicações, aviação civil e mineração. Como forma de contrapartida, há a isenção de imposto de renda sobre os lucros obtidos com o rendimento desses títulos.

Emissão das debêntures

A captação de recursos por parte das empresas ocorre quando da emissão desses títulos no mercado primário. Nesse momento, os investidores aplicam os recursos, que fluem para a empresa emissora.

A distribuição das debêntures pode ser feita por oferta pública ou privada (colocação direta). Na oferta pública, os títulos podem ser adquiridos pelo público em geral. Já na colocação direta, ou oferta privada, a aquisição dos títulos é feita apenas por instituições financeiras e investidores institucionais.

Estão autorizadas a realizar ofertas públicas de debêntures as empresas não financeiras de capital aberto, ou seja, registradas na CVM, empresas de arrendamento mercantil, como lastro para as operações de "leasing" e por companhias hipotecárias. As empresas de capital fechado podem realizar apenas ofertas privadas de debêntures. Instituições financeiras (exceto de arrendamento) não estão autorizadas a emitir esses títulos.

A CVM autoriza a emissão e controla todos os procedimentos da operação. Portanto, para realizar a emissão pública, a empresa deve possuir registro de companhia aberta e registro de emissão na instituição.

Participantes da emissão das debêntures

O processo de emissão das debêntures envolve diversos agentes. A seguir descrevemos cada um deles e seus respectivos papéis.

A. Companhia emissora: é a sociedade anônima não financeira ou sociedade de arrendamento mercantil, que recebeu o crédito e ficará responsável pelo seu cumprimento.
B. Debenturistas: são os investidores que adquiriram as debêntures e são seus titulares. Os debenturistas de uma mesma emissão feita pela mesma companhia podem se reunir em assembleia para tratar de assunto de interesse comum e que tenha impacto sobre os direitos de crédito dos títulos.
C. Coordenador líder: é a instituição financeira responsável por estruturar e coordenar o processo de emissão. Pode ser um banco de investimento, banco múltiplo, corretora ou distribuidora de valores mobiliários.
D. Agente fiduciário: é o intermediário entre os debenturistas e a companhia emissora. Sua função é zelar para que os compromissos assumidos pela companhia emissora sejam honrados. Os investidores em assembleia de debenturistas nomeiam o agente fiduciário, que pode ser uma pessoa física ou jurídica, uma corretora de valores ou um banco de investimento.
E. Instituição depositária: é a responsável pelo registro da emissão, colocação dos títulos e negociação no mercado secundário.
F. Agências de rating: são instituições que realizam a avaliação do risco de crédito da emissão, baseada nas informações da empresa, como indicadores financeiros, estrutura de governança, garantias oferecidas e histórico de crédito.

Formas de resgate ou liquidação das debêntures

Dada a sua flexibilidade, as debêntures podem ser resgatadas de diferentes formas. Por isso, podem ser classificadas em alguns tipos, conforme segue:

A. Simples – são resgatadas em dinheiro no prazo de vencimento na conta dos atuais debenturistas.
B. Conversíveis – oferecem ao investidor optar pelo regaste em ações da companhia na data de vencimento ou receber em dinheiro. Os critérios para cálculo do preço para a conversão em ações são definidos na emissão. O resgate em ações ocorre quando o preço de conversão for inferior à cotação na bolsa.
C. Permutáveis – quando oferecem ao debenturista a condição de resgatar em ações emitidas por empresas do mesmo grupo.
D. Perpétuas – não tem prazo de resgate e gera renda ao investidor, que pode negociá-la no mercado, todavia a escritura define circunstâncias em que poderão ser resgatadas.

Garantias oferecidas pelas debêntures

As garantias têm como propósito reduzir o risco de crédito assumido pelos debenturistas, devendo ser especificadas na escritura de emissão. Há cinco tipos diferentes de garantias:

A. Quirografária – não oferece prioridade de garantias aos debenturistas.
B. Subordinada – os direitos de crédito estão subordinados aos demais credores quirografários, ou seja, em caso de liquidação da empresa, tem prioridade apenas em relação aos acionistas da empresa.
C. Garantia flutuante – concede prioridade sobre os ativos da empresa que podem ser negociados durantes a vigência.
D. Garantia real – concede prioridade sobre ativos com alienação fiduciária, por isso os bens indicados como garantia ficam bloqueados e não podem ser negociados pela companhia emissora durante a vigência das debêntures.
E. Garantia fidejussória – fornecida por terceiros, como fiança ou aval, pode ser dada por bancos ou pelos próprios controladores da empresa.

Ainda quanto às garantias, podem ser definidas cláusulas que estabelecem obediência a restrições, como limite para endividamento ou realização de determinados projetos. Essas cláusulas são chamadas de *Covenants*, e devem constar na escritura de emissão. Caso sejam descumpridas, a companhia emissora fica obrigada a realizar determinadas ações, como o resgate antecipado das debêntures.

Remuneração das debêntures

A remuneração das debêntures normalmente é determinada por uma taxa fixa de juros mais a variação de um indexador, podendo a emissora oferecer um deságio ou estabelecer condições de renda e segurança suficiente para um prêmio (ágio).

A repactuação é uma cláusula pela qual os juros poderão ser modificados durante a vigência do título. Caso os juros de mercado se tornem elevados para a empresa, ela tem o direito de propor uma nova taxa, e se o investidor não aceitar a emissora pode resgatar o título.

Caso o indexador utilizado para e remuneração das debêntures for um índice de inflação, o título deverá ter prazo mínimo de um ano, mas é raro uma debênture ter menos de dois anos de prazo.

NOTAS PROMISSÓRIAS COMERCIAIS OU *COMMERCIAL PAPERS*

As notas promissórias comerciais, conhecidas também como *commercial papers* são títulos emitidos por sociedades anônimas, representativo de uma dívida junto aos investidores. Suas características são muito similares às debêntures, tendo como principal diferença o prazo de resgate.

As companhias emissoras de capital aberto podem emitir os títulos com prazo de resgate de até 360 dias. Empresas de capital fechado podem emitir esses títulos com prazo máximo de 180 dias.

Outra diferença entre as notas promissórias e as debêntures é, ao contrário das debêntures, não costumam oferecer garantias, o que aumenta a taxa de juros exigida pelos investidores em função do maior risco. Por esse motivo, apenas empresas com classificação de risco mais elevada conseguem emitir esses títulos com taxas de juros economicamente atrativas.

Assim como as debêntures, sua colocação no mercado requer todas as exigências de uma distribuição pública, como registro na CVM, elaboração do prospecto, publicação de anúncios e outros.

Essas exigências, além dos esforços para distribuição, acarretam custos para a empresa emissora, tornando viável a captação apenas quando o valor envolvido é mais elevado. Por isso, em muitos casos as empresas preferem emitir debêntures por prazos mais longos às notas promissórias comerciais.

CERTIFICADOS DE DEPÓSITOS DE VALORES MOBILIÁRIOS (ADR/BDR)

Os certificados de depósitos de valores mobiliários são um tipo de valor mobiliário que representa outro valor mobiliário emitido por uma companhia aberta com sede em outro país.

A figura a seguir mostra dois certificados de depósito de valores mobiliários abordados neste livro: os ADRs (American Depositary Receipts) e os BDRs (Brazilian Depositary Receipts). Entretanto, vale destacar que há outros certificados de depósito de valores mobiliários, como os EDRs (European Depositary Receipts), CDRs (Chinese Depositary Receipts) e JDRs (Japanese Depositary Receipts), sempre negociados nos respectivos mercados.

ADR – American Depositary Receipts: representam ações de empresas de outros países negociadas nas bolsas americanas.

BDR- Brazilian Depositary Receipts: representam ações de empresas de outras países negociados na B3 – Bolsa do Brasil.

American Depositary Receipts (ADRs)

Um ADR é um recibo representativo de uma ação de empresa estrangeira, que se encontra depositada em um banco no país de origem, negociado nos Estados Unidos. Conferem aos seus detentores benefícios econômicos iguais aos dos acionistas locais da empresa emissora. O ADR permite que o investidor localizado nos Estados Unidos realize transações na bolsa dos Estados Unidos possa comprar ações de empresas de outros países.

Na Figura 1 é ilustrado o processo de emissão e negociação de um ADR de uma empresa brasileira.

Uma corretora de valores (1) inicia o processo adquirindo ações no mercado brasileiro, depositando-as em um banco custodiante (2) no Brasil e registrando a operação na CVM e Banco Central (Bacen) (3), já que essas ações ficarão bloqueadas e não podem ser negociadas enquanto os certificados forem negociados no mercado americano. A seguir, banco depositário nos Estados Unidos (4) é notificado da custódia das ações e emite o ADR, entregando-o à corretora de valores norte americana (5), que receberá a ordem dos investidores americanos e o pagamento da operação.

O valor é então enviado para a corretora de valores brasileira por meio de um banco que atue nos dois países e que opere com câmbio (6).

A colocação do ADR junto aos investidores norte-americanos é realizada por meio de programas de dois tipos, conferindo ainda características a esses certificados.

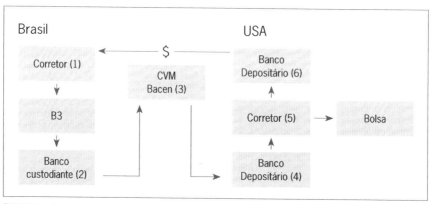

FIGURA 1   Processo de emissão e negociação de um ADR.

Patrocinados: quando a empresa emissora das ações que lastreia os ADRs trabalha em conjunto com o banco depositário e assume a responsabilidade de manter um fluxo de informações adequado sobre a empresa.

Não patrocinados: quando os ADRs são emitidos e colocados junto ao público sem que a companhia emissora das ações, que serve de lastro, participe ativamente do processo.

Considerando os tipos de certificados e as formas de negociação, existem três níveis de ADR.

- Nível I – negociados apenas no mercado de balcão não organizado. Os ADRs não patrocinados sempre serão classificados neste nível.
- Nível II – negociados nas bolsas e subordinados às exigências da SEC (Securities and Exchange Comission, equivalente à CVM no Brasil). Apenas ADRs patrocinados podem pertencer a esse nível.
- Nível III – negociados nas bolsas e envolvem a emissão de novas ações. A Regra 144A da SEC permite a emissão de ações fora dos mercados organizados para investidores institucionais. Restrito também apenas a ADRs patrocinados.

Brazilian Depositary Receipts (BDRs)

BDRs são certificados representativos de ações de empresas com sede no exterior e emitidos pelo banco depositário no Brasil. Portanto, esses certificados são lastreados em ações emitidas no exterior do mercado primário ou secundário e podem ser negociados em bolsa ou balcão organizado, como as ações.

A emissão do BDR deve ser feita pelo banco depositário brasileiro, autorizado pelo Bacen e habilitado pela CVM.

O programa de BDR patrocinado caracteriza-se por ser instituído por uma única instituição depositária, contratada pela companhia emissora das ações objeto.

Nível I – negociado no mercado de balcão organizado ou em sistema de negociação eletrônica e dispensa registro na CVM.

Nível II - negociado no mercado de balcão organizado ou em sistema de negociação eletrônica e requer registro da companhia na CVM.

Nível III – caracteriza-se por distribuição pública no mercado; admissão à negociação em bolsa e registro da companhia na CVM.

O programa de BDR não patrocinado é aquele instituído por instituições depositárias, sem um acordo com a companhia emissora das ações objetos.

A partir do ano 2020, a B3 passou a permitir a negociação de BDRs patrocinados e não patrocinados por meio da negociação eletrônica, permitindo ainda a compra ou venda de um BDR como lote mínimo. Com isso, a popularização desses certificados aumentou e permitiu que mais investidores brasileiros tivessem acesso à negociação de forma indireta de ações de empresas estrangeiras no Brasil.

Tendo em vista a grande exposição de empresas como Apple, Tesla, Microsoft e outras, até mesmo pequenos investidores brasileiros passaram a buscar a aquisição de BDRs dessas empresas, permitindo a diversificação dos investimentos.

Anteriormente a 2020, apenas os BDRs patrocinados podiam ser negociados em mercado de bolsa. Ainda assim, havia restrição para pequenos investidores, já que a negociação era restrita aos investidores institucionais.

Atualmente, a maior parte dos BDRs são não patrocinados, ou seja, não envolve o acordo com a companhia emissora das ações. Assim, a mudança das regras da B3 impulsionou a popularização do investimento em BDRs para os brasileiros.

Direitos básicos do investidor

O investimento em títulos e valores mobiliários envolve riscos. No entanto, há regras que asseguram os direitos do investidor. É de extrema importância que os investidores conheçam esses direitos e exerça-os, já que todo direito cria um dever e uma oportunidade. O dever é de conhecê-lo e a oportunidade de exercê-lo.

Alguns dos direitos do investidor envolvem a transparência das informações. Nesse sentido, o investidor tem o direto de conhecer:

- As características dos títulos e as instituições envolvidas.
- As regras sobre o investimento, garantias, tributação, custas.
- Os riscos e a possibilidade do retorno não se concretizar.
- As formas de acesso às informações sobre as empresas e controladores.

Além dos direitos gerais dos investidores, conforme a natureza dos títulos e valores mobiliários, são assegurados direitos específicos, conforme itens a seguir.

Quanto às ações, são direitos específicos dos acionistas:

- Participar nos lucros, recebendo dividendos, juros sobre o capital e bonificações.
- Comparecer às assembleias e votar, conforme a quantidade de ações que possui.
- Ter acesso às informações da companhia.

- Exercer eventuais direitos de subscrição.
- Fiscalizar, na forma de lei, a gestão dos negócios sociais.
- Participar do acervo da companhia, em caso de liquidação.

No caso das debêntures e notas promissórias comerciais, os investidores possuem também direitos específicos, que são:

- Cumprimento das condições estabelecidas na escritura de emissão.
- Ter acesso às informações da companhia.
- Ter acesso aos relatórios preparados pelo agente fiduciário.
- Participar das assembleias especiais de debenturistas.

3

Abertura de capital das empresas

Este módulo é dedicado ao conhecimento e à importância do mercado de capitais no processo de financiamento das empresas.

Conforme mencionado anteriormente, a abertura de capital, que constitui o chamado Mercado Primário de ações, tem papel fundamental na geração de um fluxo de recursos de investidores, ou seja, agentes superavitários, para que as empresas realizem investimentos produtivos.

Portanto, as empresas abrem o capital para captar recursos e financiar seus projetos de expansão, e os investidores que adquirem ações passam a ser acionistas e proprietários de uma parte do capital da empresa.

OBJETIVOS DA ABERTURA DE CAPITAL

Uma empresa decide abrir o capital com a finalidade de capitalizar a empresa, ou seja, obter recursos para capital de giro, investimentos em projetos de expansão, aquisição de outras empresas, acelerar o crescimento, alongar o perfil das dívidas, entre outros.

Em cada etapa do ciclo de vida de uma empresa, é necessário um tipo de financiamento adequado ao seu momento econômico e financeiro. A captação de recursos por meio da emissão de novas ações tem como objetivo obter recursos para investimentos com longa maturação, já que a relação entre a empresa e os acionistas, por natureza, é de longo prazo, sem data definida para término.

Assim, ao obter recursos por meio da abertura de capital, a empresa pode realizar investimentos que proporcionem fluxos de caixa em prazos mais longos, permitindo melhor planejamento de investimentos e adequação da remuneração dos investidores aos fluxos de caixa gerados futuramente.

Captando recursos por meio de novos acionistas, ao invés de se endividar junto a instituições financeiras, a empresa deixa de ter compromissos associados ao pagamento de juros a essas instituições. Em troca, deverá distribuir uma parte dos lucros àqueles que investiram seus recursos na empresa como acionistas.

O Quadro 1 seguir sumariza os principais motivos para que as empresas realizem a abertura de capital.

QUADRO 1 Motivos para a abertura de capital das empresas

Captação de recursos	Diversificação das fontes de financiamento
	Readequação da estrutura de capital
Liquidez patrimonial	Facilita o processo sucessório
	Possibilita a saída de investidores
Imagem institucional	Relacionamento com clientes e fornecedores
	Reconhecimento da empresa no mercado interno e externo

Além da captação de recursos para investimento, e de realizar a adequação da estrutura de capital, podendo reduzir o endividamento, a abertura de capital promove maior liquidez para os acionistas. Ao abrir o capital, o processo sucessório é facilitado, já que os acionistas podem negociar facilmente suas ações por meio da oferta pública. Além disso, a empresa com capital aberto pode contar com a participação de investidores capitalistas, que desejam adquirir ações com a possibilidade de vender posteriormente.

Por fim, observa-se nas empresas com capital aberto vantagens relacionadas à imagem institucional, sobretudo devido ao fato de a empresa passar por um crivo das instituições como CVM, B3 e ter suas demonstrações auditadas por entidades reconhecidas. Essa imagem facilita o relacionamento da empresa com clientes e fornecedores, sendo mais facilmente associada a uma boa reputação. Além disso, pelo fato de ter suas ações negociadas em bolsa de valores, tem o nome e as marcas reconhecidos nos mercados interno e externo.

A NATUREZA JURÍDICA DA EMPRESA ABERTA

A natureza jurídica está relacionada com as regras que determinam o relacionamento entre a empresa e os sócios, suas regras, deveres e benefícios.

Para que uma empresa abra o capital e negocie ações em bolsa, é necessário que sua natureza jurídica seja adequada para Sociedade Anônima. Essa forma de constituição envolve a divisão do capital da empresa em ações e não em cotas, (como ocorre por exemplo nas Sociedades Limitadas), e os detentores das ações são os acionistas.

Uma das características mais importantes das Sociedades Anônimas, que permite a abertura de capital, é a possibilidade que os acionistas têm de comprar e vender suas ações livremente, sem a necessidade da aprovação dos demais acionistas.

As Sociedades Anônimas podem ser do tipo aberta ou fechada. As abertas são as companhias com registro na CVM e B3, e seus títulos e valores mobiliários admitidos para negociação no mercado. As fechadas não podem negociar seus títulos e valores mobiliários de forma pública, portanto as transações com ações e títulos devem ocorrer diretamente entre os interessados ou, no máximo, por meio de intermediários, mas de forma privada.

Portanto, a abertura de capital requer a transformação da empresa em sociedade anônima, e os valores mobiliários emitidos colocados junto ao público para a captação de recursos.

IPO (*INITIAL PUBLIC OFFERING*)

A oferta pública inicial, conhecida pelo seu termo em inglês *Initial Public Offering*, ou simplesmente IPO, constitui a primeira venda dos títulos de uma empresa ao público, e o consequente ingresso desses títulos no mercado de capitais para negociação.

Após a abertura de capital, a empresa pode realizar ofertas subsequentes, conhecidas também pelo termo em inglês *follow on*.

A seguir, descrevemos aspectos relacionados ao mecanismo das ofertas públicas.

Formas de oferta de ações

As ações podem ser ofertadas por meio de uma distribuição primária ou secundária. A distribuição primária representa a oferta de novas ações emitidas e aumento do capital social da empresa. Nesse caso, o vendedor é a própria empresa e os recursos são canalizados para o caixa da companhia.

Na distribuição secundária, as ações ofertadas são existentes e pertencem a acionistas. Com a venda, os recursos financeiros são destinados aos acionistas vendedores. Essa forma de distribuição é muito comum quando um sócio deseja reduzir sua participação ou sair da sociedade.

ATIVIDADES DO PROCESSO DE ABERTURA DE CAPITAL

A abertura de capital das empresas envolve diversos requisitos e etapas. Por esse motivo, descrevemos a seguir cada um deles.

Preparação da empresa

Essa etapa deve ocorrer previamente ao início do processo, visando verificar se a empresa atende aos requisitos de companhia aberta e efetuar os ajustes necessários.

Inicialmente cabe uma reflexão sobre a conveniência da abertura de capital, pois essa será uma decisão estratégica que terá impactos sobre a gestão, os controles e a transparência da empresa. Algumas questões devem ser levantadas pelos gestores responsáveis: a empresa possui um plano de negócios; indicadores sólidos; demonstrações auditadas e uma estrutura de governança adequada?

A empresa está disposta a divulgar periodicamente e detalhadamente os resultados, atendendo a imprensa e aos investidores por meio do departamento de Relações com Investidores?

A empresa está pronta para manter um conselho de administração e comitês com membros independentes?

Quanto vale a empresa?

Qual é o tamanho da oferta a ser realizada e como os recursos serão utilizados?

Como será a oferta? Em qual segmento de mercado? A emissão será primária ou secundária? Quem serão os assessores?

Após a realização de estudos e análises, a empresa parte para a formalização do processo com o desenvolvimento da tese de investimento, que representa a argumentação estratégica a respeito dos motivos que justificam a abertura de capital e o crescimento da empresa. Nesse momento, a empresa deve analisar seu portfólio de produtos e serviços, suas vantagens competitivas, as perspectivas da empresa e do setor e formalizar por meio do plano de negócios.

Pedido de registro

Após a análise preliminar, a empresa deve contratar uma instituição financeira para atuar como coordenador líder da oferta. Essa submete então à CVM o pedido de registro da oferta pública de distribuição de ações e, simultaneamente, o pedido de registro como companhia de capital aberto, com o registro na B3.

A decisão de abrir o capital inicialmente parte dos acionistas, que realizam a aprovação da oferta da distribuição pública em uma Assembleia Geral.

A seguir, a CVM analisa o pedido apresentado pela empresa e, com a aprovação, autoriza a abertura de capital e o pedido de registro da oferta.

Em alguns casos, a CVM pode dispensar o registro para emissão de determinados títulos para determinados investidores específicos. Esses casos são caracterizados pelo tipo de **oferta pública com esforços restritos**.

Com a aprovação da CVM, a B3 autoriza a empresa a ter as ações negociadas em bolsa (Figura 1).

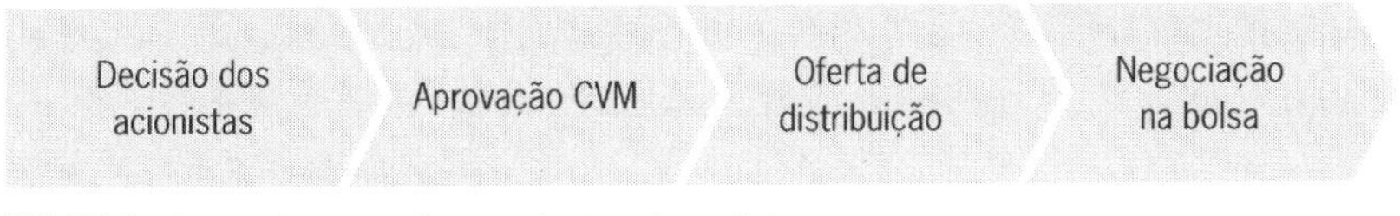

Decisão dos acionistas ▸ Aprovação CVM ▸ Oferta de distribuição ▸ Negociação na bolsa

FIGURA 1   Etapas da aprovação para abertura de capital.

Definição dos parâmetros da oferta

Essa etapa consiste na definição das regras específicas da oferta para as categorias de investidores e limitação da participação de alguns tipos de investidores na oferta. Essas regras são definidas pela empresa em conjunto com o banco coordenador.

Um exemplo de regra é a condição de prioridade para acionistas, investidores institucionais e a limitação da aquisição de ações até determinado valor ou quantidade.

Outra definição importante é a quantidade de ações definida para a oferta pública, chamada também de **oferta base**.

Além dessa quantidade, é permitido ao coordenador aumentar a oferta com um lote suplementar de até 15% além da oferta base. Esse lote é chamado também de *green shoe*.

Por fim, caso a demanda seja elevada, a empresa poderá elevar em até mais 20% a quantidade de ações ofertadas, captando assim mais recursos para investimento. Esse mecanismo é chamado também de *hot issue*.

O Quadro 2 sumariza os termos relacionados à quantidade de ações.

QUADRO 2   Termos relacionados à quantidade de ações da oferta pública

Oferta base	É a quantidade de ações a ser ofertada inicialmente pela empresa na emissão de ações.
Green shoe	É a quantidade adicional de ações que o coordenador pode elevar além da oferta base, limitada a 15% desta, para que o próprio banco coordenador adquira.
Hot issue	É a quantidade adicional de ações que o coordenador pode elevar, além da oferta base, limitada a 20% desta, para aquisição de investidores em geral, quando a demanda for elevada.

Preparação do prospecto e aviso ao mercado

Após a aprovação do pedido de registro, o processo de oferta ao público requer outros procedimentos que atendam aos requisitos da CVM e ao conhecimento dos investidores de forma ordenada, podendo-se definir um preço adequado para as ações.

O prospecto é o principal documento que proporciona ao investidor o conhecimento sobre as características da oferta, informações da empresa, fatores de lucratividade e risco para a análise e decisão de investimento.

CAPÍTULO 3 • ABERTURA DE CAPITAL DAS EMPRESAS   59

Esse documento é elaborado pelo banco coordenador, com rico teor de informações a respeito da empresa, do plano de negócios e da oferta, devendo conter, no mínimo, as seguintes informações:

- As principais características da oferta e do contrato de distribuição.
- A identificação das instituições envolvidas na oferta.
- As regras para estabilização de preços após a negociação.
- A destinação dos recursos captados.
- Os fatores de risco da oferta.
- O último Formulário de Referência, o Estatuto Social e os atos societários que deliberaram sobre a emissão das ações ofertadas.

Após a preparação para a divulgação da distribuição pública de ações, a empresa realiza o Aviso ao Mercado, divulgando a oferta de ações, suas características e as principais informações sobre as condições de emissão e aquisição pelos investidores.

A oferta é direcionada, normalmente, tanto para investidores institucionais, como fundos e instituições financeiras, quanto para investidores individuais pessoa física. Caso a empresa deseje listar suas ações no segmento Novo Mercado, é um requisito que, pelo menos, 10% da oferta seja direcionada ao investidor individual.

Para auxiliar na distribuição, a B3 viabiliza a criação de um "pool" de corretoras e distribuidoras que têm como propósito intensificar o esforço de distribuição com foco no investidor pessoa física.

O banco coordenador também organiza um consórcio com instituições financeiras para disseminação das ações junto aos investidores.

No período de abertura de capital, a empresa não pode divulgar informações da emissão na mídia, visando evitar a influência junto aos investidores. Assim, as informações para a decisão são concentradas no prospecto, para que o processo seja mais transparente e profissional. Esse período, chamado de "período de silêncio" ou *"quite period"* começa 60 dias antes do registro da emissão junto à CVM e vai até o anúncio do encerramento da oferta pública.

Road show

Essa etapa representa o esforço de venda para divulgar a oferta de ações e obedece às restrições e regras, sobretudo quanto ao material publicitário, que deve ser aprovado previamente pela CVM e fazer referência explícita ao prospecto, orientando o investidor a não aderir a oferta antes de sua leitura.

O processo consiste em uma série de reuniões em que os principais executivos da empresa, acompanhados dos representantes do banco coordenador, apresentam a oportunidade de investimento a potenciais investidores, geralmente investidores institucionais e fundos. Além desses, a oportunidade é apresentada também a analistas de mercado que cobrem empresas de capital aberto.

As apresentações abrangem informações gerais da empresa, como histórico, planos de crescimento, dados contábeis atuais, projeções de resultados e o resumo da avaliação da empresa.

Precificação

A precificação das ações é um dos processos mais importantes na abertura de capital e pode determinar seu sucesso quanto à demanda por parte dos investidores. A definição inicial do preço é feita pela empresa com auxílio do banco coordenador, e leva em consideração estudos técnicos sobre análise de mercado, indicadores econômicos e financeiros, o valor patrimonial contábil da empresa, projeções de rentabilidade e a capacidade financeira da companhia emissora.

O preço de emissão das ações é superior ao seu valor contábil, refletindo expectativas futuras de crescimento e resultado dos investimentos efetuados com a captação de recursos. O seu valor é inicialmente definido a partir da avaliação da empresa, considerando as projeções de fluxos de caixa e a comparação com outras empresas do mesmo setor. Essa avaliação resultará em um intervalo de preço, que será divulgado no prospecto de emissão.

Durante a realização do *road show*, os investidores podem manifestar o interesse na aquisição de ações, indicando a quantidade e o preço máximo que estão dispostos a pagar, obedecendo geralmente ao intervalo anteriormente definido pela empresa.

As manifestações de interesse de compra compõem o livro de oferta dos investidores, em um processo chamado também de *bookbuilding*. Como resultado das ofertas realizadas nesse ato é que se determina o preço definitivo de emissão das ações, que será o preço a ser pago pelos investidores pessoas físicas que realizam as reservas por meio das corretoras.

Mais informações sobre o processo de emissão de ações constam no Guia de IPO da B3, na página eletrônica da instituição.

OFERTA PÚBLICA DE AQUISIÇÃO DE AÇÕES (OPA)

Essa é uma operação em que um acionista ou a própria empresa desejam adquirir uma parte ou o total das ações da companhia negociadas em bolsa.

Uma OPA pode ter como objetivo a aquisição do controle da empresa, aumentando a participação de um ou mais sócios.

Quando a totalidade das ações emitidas for recomprada pela empresa ou por um sócio, ocorre a transformação da empresa para capital fechado.

A OPA pode ocorrer em diversas ocasiões, conforme as modalidades a seguir.

- OPAs obrigatórias são realizadas nas seguintes hipóteses:
  - Quando é feito o cancelamento do registro de companhia aberta.
  - Quando ocorre o aumento da participação dos acionistas controladores, de forma que a liquidez de mercado das ações remanescentes fique comprometida.
  - Quando ocorrer a alienação do controle acionário, ou seja, quando o controle é transferido para outro acionista.

- OPAs voluntárias são realizadas sem que nenhuma norma tenha levado à sua realização, ocorrendo por decisão da empresa ou dos acionistas.

As OPAs realizadas em uma das situações na modalidade obrigatória devem ser registradas na CVM. As voluntárias devem ser registradas na entidade apenas quando a operação envolver permuta por valores mobiliários.

A OPA concorrente é uma oferta formulada por um terceiro, que tem por objeto as ações abrangidas por uma OPA já apresentada para registro perante à CVM, ou por OPA não sujeita a registro que esteja em curso.

Os principais requisitos para realização da OPA são:

- Devem ser dirigidas indistintamente aos titulares das ações ofertadas.
- Devem apresentar tratamento equitativo a todos os acionistas e proporcionar adequada informação a respeito da operação.
- Intermediação por corretoras, distribuidoras e bancos de investimento.
- Apresentar preço único e laudo de avaliação da companhia objeto.
- Leilão na B3, salvo autorização em contrário da CVM.

4

Mercado de bolsa e mercado de balcão

O mercado capital abrange o mercado de bolsa e o mercado de balcão. Esses dois mercados se distinguem pelo nível de transparência e de regulação por meio da CVM.

No **mercado de bolsa**, as negociações são abertas e realizadas regularmente por meio de sistemas que possibilitam o encontro e a interação de ofertas de compra e de venda de valores mobiliários, permitindo a execução de negócios, tendo como contraparte a instituição responsável por este ambiente, respeitadas as condições estabelecidas em suas normas.

No **mercado de balcão**, as negociações são realizadas diretamente entre as partes, podendo contar com intermediários que facilitam a negociação. O **mercado de balcão organizado** é constituído com o auxílio de sistemas informatizados e de negociações realizadas por meio das corretoras, em um formato semelhante ao Mercado de Bolsa, já que conta ainda com a fiscalização da CVM nas negociações. No **mercado de balcão não organizado**, os valores são negociados apenas entre as partes envolvidas, mas devem ser registradas no sistema central.

Os mercados de capitais são mais eficientes onde as bolsas são bem estruturadas, oferecendo alto nível de transparência e liquidez.

A CVM é quem autoriza o funcionamento e regula a atuação das entidades administradoras de mercado de bolsa e de balcão organizado. Estabelece a norma de referência para assegurar padrões mínimos de segurança e transparência em ambos os ambientes.

É obrigatório que tanto bolsa quanto balcão organizado mantenham uma estrutura de autorregulação de forma a monitorar o atendimento da regulamentação em vigor, bem como aplicar penalidades.

As bolsas devem manter mecanismos de ressarcimento de prejuízos que podem ser acionados pelos investidores que se sentirem lesados pela atuação dos intermediários.

CONCEITO E FUNÇÕES DAS BOLSAS DE VALORES

Bolsas de Valores são associações privadas civis ou sociedades anônimas que administram mercados organizados de valores mobiliários e têm como principal função manter sistemas adequados à realização de negócios de compras e vendas, além de gerir sistemas de compensação, liquidação e custódia dos títulos.

Essas instituições possuem autonomia financeira, patrimonial e administrativas, sendo fiscalizadas pelo Bacen e CVM para garantir que os negócios estão sendo realizados com transparência, equidade e dentro dos parâmetros e regras estabelecidas.

Para viabilizar os negócios de compras e vendas, as bolsas de valores proporcionam os ambientes, sistemas e mecanismos necessários para a negociação de títulos e valores mobiliários. Sua principal função é proporcionar liquidez a esses títulos em um ambiente transparente e seguro.

Em 2017, com a fusão da BM&F Bovespa e a Cetip, surgiu a nova empresa B3 – Brasil, Bolsa, Balcão, que sob a forma de Sociedade Anônima aberta, consolidou os mercados de bolsa e balcão organizado.

A bolsa utiliza um sistema eletrônico de negociação para registro de ordens de compra e venda e tem autonomia para exercer seus poderes de autorregulamentação sobre as instituições que nela operam. O acesso a esse sistema de negociação é obtido pelos investidores para efetuarem suas transações por meio de corretoras, distribuidores e bancos.

As companhias que têm ações negociadas na bolsa são chamadas companhias "listadas" e devem atender aos requisitos estabelecidos pela Lei das S/A, pelas instruções da CVM, além de obedecer às normas estabelecidas pela própria bolsa.

Com isso, graças a um ambiente transparente e regulado, a bolsa de valores contribui para que as empresas captem recursos para expansão de suas atividades por meio da venda de ações e outros valores mobiliários aos investidores.

O aprimoramento das regras de Governança Corporativa da bolsa de valores e a demanda dos acionistas levam as companhias listadas a melhorarem seus padrões de administração e eficiência. Com isso, o ambiente fica cada vez mais propício às novas captações pelas empresas e negociação de suas ações no mercado de bolsa.

Esse ambiente viabiliza a entrada de novos investidores e a maior capitalização das empresas, já que um pequeno investidor pode adquirir a quantidade de ações de acordo com a sua capacidade financeira, tornando-se acionista e construindo um patrimônio, ao mesmo tempo que contribui para o crescimento da empresa e da economia.

A B3 tem como principais objetivos administrar os mercados organizados de títulos, valores mobiliários e contratos derivativos, além de prestar o serviço de registro, depositária central garantidora da liquidação financeira das operações realizadas em seus ambientes de negociações.

B3 — INFRAESTRUTURA DE MERCADO

A B3 e a consolidação dos mercados

A B3 consolida os mercados de bolsa e balcão organizado e a infraestrutura do sistema financeiro brasileiro em uma única instituição.

Atua como contraparte central, assumindo os riscos das contrapartes entre o fechamento do negócio e sua liquidação, efetuando a compensação multilateral tanto para obrigações financeiras quanto para movimentações de valores mobiliários.

Efetua o gerenciamento dos riscos associados ao seu papel como contraparte central e possui vários mecanismos de proteção para lidar com falhas de seus participantes. Para tanto, o sistema calcula o risco das operações realizadas e o valor das garantias necessárias. Presta ainda serviços de liquidação nas distribuições públicas de valores mobiliários.

Em 2011 foram realizados investimentos na infraestrutura tecnológica para integração da plataforma de negociação e de suas câmaras de compensação e liquidação. Em 2013 foi entregue a plataforma de negociação multiativos PUMA Tranding System, desenvolvida em parceria com o CME (Chicago Mercantile Exchange) group, quando foram desligados todos os demais sistemas anteriores (GTS – Global Trading System , Mega Bolsa, Bovespa Fix e Sisbex).

Nesse momento, ocorreu a conclusão de algumas etapas importantes, como:

- Inclusão do módulo de ações na plataforma eletrônica de negociação PUMA Trading System.
- Novo sistema de cálculo de risco CORE "Closeout Risk Evaluation" para estimar o risco de mercado de posições nos ativos em que a B3 tem o papel de contraparte central.
- Construção do *data center*, que é o maior centro de liquidez da América Latina, oferecendo serviços e soluções para todos os participantes do mercado.

A B3 oferece produtos e serviços, tais como registro, negociação e pós-negociação de ações, títulos de renda fixa e contratos derivativos referenciados em ações, ativos financeiros, índices, taxas, mercadorias, moedas, entre outros, nos segmentos de bolsas e balcão, proporcionando aos participantes de mercado e seus clientes uma solução completa de negociação.

Banco B3

O banco B3 compõe a estrutura corporativa da B3 e iniciou suas atividades em 2004. Com a criação dessa instituição, as câmaras de compensação e liquidação passaram a ter acesso imediato ao sistema do Bacen, o que para a câmara B3 mitiga o risco de liquidez em caso de execução e/ou monetização de títulos públicos federais depositados em garantia.

Os principais serviços oferecidos pelo banco B3, são:

- Banco liquidante: integração com as câmaras de compensação e liquidação da B3.
- Custódia e controladoria para fundos e clubes de investimentos, permitindo a conciliação automática das movimentações, o acompanhamento on-line do fluxo de caixa e a identificação das origens dos recursos.
- Custódia para investidores estrangeiros, com prestação de serviços de representação legal e fiscal como custodiante para investidores não residentes.

Central depositária

Além da atuação como bolsa de valores, a B3 atua nos serviços de depósito centralizado, realizando a guarda centralizada de ativos, tratamento dos eventos deliberados pelos emissores e outras atividades. As principais atividades e papéis da central depositária da B3 são os seguintes:

- Guarda, atualiza o título do mercado de ações e outros títulos e valores mobiliários públicos e privados.
- Registro eletrônico das transações e dos títulos e valores mobiliários.
- Conciliação diária com emissores e agentes de custódia.

BSM Supervisão de Mercados

A BSM Supervisão de Mercados, ou simplesmente BSM, é uma entidade dedicada a fiscalizar e assegurar a observância das regras legais e regulamentares do mercado de valores mobiliários.

Sua atuação se adequa aos princípios da Instrução da CVM que disciplina o mercado e define a estrutura de autorregulação dos mercados de bolsa e balcão organizado.

As principais responsabilidades da BSM são:

- Fiscalizar e supervisionar os participantes da B3 e a própria B3.
- Identificar condições anormais de negociação.
- Penalizar os agentes que cometerem irregularidades nas atividades relacionadas aos mercados da B3.
- Administrar o Mecanismo de Ressarcimento de Prejuízos (MRP).

Portanto, a BSM atua em duas frentes: supervisão de mercado e auditoria de participantes.

O Mecanismo de Ressarcimento de Prejuízos (MPR), administrado pela BSM, tem como finalidade assegurar aos investidores o ressarcimento de prejuízos decorrentes da ação ou da omissão dos participantes da B3 ou aos serviços de custódia, especialmente nos casos de:

- Inexecução ou infiel execução de ordens.
- Uso inadequado do numerário e de valores mobiliários.
- Encerramento das atividades.

Os investidores que se sentirem prejudicados devem reclamar à BSM, justificadamente o ressarcimento de seus prejuízos pelo MRP. As reclamações têm prazo de 18 meses para serem feitas.

Se a reclamação for julgada procedente, o investidor será devidamente indenizado quanto às perdas decorrentes das ações inadequadas dos participantes.

O MRP também assegura perdas decorrentes da intervenção ou decretação da liquidação extrajudicial de corretoras e outras entidades pelo Banco Central Brasil. Nesses casos, o ressarcimento é feito com base no saldo em conta corrente no encerramento do dia útil anterior à decretação da liquidação extrajudicial, desde que esse saldo seja proveniente de operações realizadas no mercado de bolsa.

Não contam para o MRP as transações feitas no mercado de balcão organizado, tampouco os prejuízos decorrentes de oscilação de preço. Em 2022, o ressarcimento estava limitado ao valor de R$ 120 mil por ocorrência.

O ressarcimento do MRP também não se aplica a títulos de renda fixa, como CDBs, LCIs, LCAs, nem a investimentos em títulos públicos realizados por meio do Tesouro Direto.

Antes de realizar uma solicitação de ressarcimento no MRP, o investidor deverá inicialmente procurar sua corretora e buscar uma solução amigável. Caso isso não ocorra, o investidor deverá consultar o regulamento do MRP e verificar se a situação se enquadra nos critérios estabelecidos.

Em seguida, o investidor deverá realizar a reclamação usando os formulários requeridos e enviar os documentos solicitados.

B3 – HISTÓRICO E IMPORTÂNCIA DA BOLSA BRASILEIRA

O surgimento das bolsas no mundo

Os primeiros mercados de bolsa surgiram no século XVII na Inglaterra e na Holanda. A origem da palavra "bolsa" está relacionada ao local onde os compradores e vendedores se reuniam para a realização dos negócios.

Um desses locais se situava em Bruges, na Bélgica, na casa da família Van der Buerse, cuja fachada havia um brasão dos proprietários com três bolsas, representando digna atuação na área mercantil.

Entretanto, foi nos Estados Unidos, no século XVIII, que o mercado de bolsa teve uma notável expansão. O processo foi iniciado com a alteração de algumas regras para negociação por meio do acordo de Buttonwood em 1792. A partir de então, com a organização da negociação em bolsa, abriu-se espaço para a criação oficial da bolsa de Nova York (NYSEB – New York Stock and Exchange Board) em 1817.

Origens da B3 – Brasil Bolsa Balcão

No Brasil, as bolsas foram constituídas em 1817, a partir da chegada de D. João VI e com a constituição do Banco do Brasil, que foi a primeira companhia a ter ações negociadas em praça pública no Rio de Janeiro. O ponto de encontro ocorria na Rua Direita, atual Primeiro de Março, no centro da cidade. Já em São Paulo, o encontro ocorria nas proximidades da Praça do Rosário, que hoje conhecemos com Praça Antônio Prado.

A Bolsa do Rio de Janeiro originou-se em 1850 como uma junta de corretores. Já a bolsa paulista, inicialmente chamada Bolsa de Fundos Públicos de São Paulo, foi fundada em 1895 e teve seu nome alterado para BOVESPA, ou Bolsa de Valores de São Paulo em 1967.

Nos primeiros anos, as negociações nas bolsas se concentravam em comércio de mercadorias, gado, fretes de navio e câmbio. A negociação de ativos emitidos por empresas teve início apenas em 1828.

A Bolsa do Rio de Janeiro (BVRJ teve grande importância no início do século XX, já que estava localizada na então capital do país, e teve seu auge no período de 1950 e 1960. Após o *crash* de 1971, a bolsa carioca foi perdendo importância para a bolsa paulista.

O mercado de ações ganha impulso somente a partir da década de 1960, com a reforma da legislação do mercado de capitais, e a Bovespa assume a característica institucional de bolsa de valores.

No início da década de 1970, o registro de negócios no pregão foi automatizado e as informações passaram a ser registradas de forma eletrônica e imediata, com a implantação do T-SCAN e do primeiro painel eletrônico de cotações.

No início da década de 1990, a Bovespa introduziu, em paralelo ao pregão viva-voz, o primeiro sistema eletrônico de negociação, o Computer Assisted Trading System (CATS). Foi instituída também a Companhia Brasileira de Liquidação e Custódia (CBLC) uma moderna estrutura de câmara de compensação, permitindo a atuação de bancos como agentes.

Em 2000, a Bovespa passou a concentrar toda a negociação de ações no Brasil com a integração das oito demais bolsas de valores brasileiras em uma única bolsa, acessada por sociedades corretoras de todo o país. Nesse ano, lançou o segmento especial de listagem com práticas elevadas de governança corporativa, denominado Novo Mercado.

Em 30 de setembro de 2005, encerrou as negociações por meio do pregão viva-voz, tornando-se um mercado totalmente eletrônico e operando por meio do Mega Bolsa, plataforma de negociação implantada pela bolsa em 1997. Em 2007, todos os detentores de títulos patrimoniais da Bovespa transformaram-se em acionistas da instituição e teve início a negociação de suas ações no Novo Mercado.

A BM&F (Bolsa Mercantil e de Futuros) teve seu início em 1986, e em 1991 uniu-se à BMSP (Bolsa de Mercadorias de São Paulo), fundada em 1917, mudando o nome para Bolsa de Mercadorias e Futuros (BM&F). A negociação eletrônica para derivativos foi introduzida pela instituição em 2000 com a implantação do sistema GTS (Global Trading System), tendo encerrado a negociação do pregão viva-voz em 30 de junho de 2009.

Em 2007, a BM&F também abriu seu capital, os direitos patrimoniais dos antigos corretores foram convertidos em ações, que passaram também a ser negociadas no Novo Mercado. Em 2008 ocorreu a integração das atividades da Bovespa e da BM&F criando a BM&FBovespa.

Com isso, a BM&FBovespa passa a ter suas atividades em dois segmentos:

- Bovespa – engloba os mercados de ações e balcão organizado, que incluem ações, certificados de depósito de ações, derivativos de ações e outros títulos autorizados pela CVM.
- BM&F – abrange as negociações de contratos derivativos financeiros, de mercadorias e câmbio, por meio de uma infraestrutura que permite a negociação desses diversos títulos.

A Cetip (Central de Custódia e de Liquidação Financeira de Títulos) é uma empresa criada em 1984 e teve suas atividades iniciadas em 1986 para disponibilizar sistemas eletrônicos de custódia, registro de operação e liquidação financeira no mercado de títulos públicos e privados.

A Cetip pode ser entendida como mercado de balcão, que oferece sólida estrutura para o registro da negociação de títulos privados de renda fixa.

Pode também registrar, custodiar e liquidar títulos públicos estaduais e municipais emitidos após 1992, títulos representativos de dívidas de responsabilidade do tesouro, títulos de crédito securitizados da união e, principalmente, o registro de derivativos de balcão.

Em 2002 se destaca a implementação do Sistema de Pagamentos Brasileiro (SPB), que possibilitou que os negócios na Cetip passassem a ser liquidados no mesmo dia.

Em 2009 a Cetip abriu seu capital, e em 2011 a empresa americana ICE – Intercontinental Exchange, passou a ser acionista majoritário da empresa.

Em 2017 foi aprovado a fusão da BM&FBovespa com a Cetip surgindo a nova empresa B3 – Brasil, Bolsa, Balcão. Com isso, foi criada a maior depositária de títulos de renda fixa da América Latina e a maior câmara de ativos privados do país.

As atividades da B3 envolvem a criação e administração dos sistemas de negociação, compensação, liquidação, depósito e registro de diversos tipos de títulos e valores mobiliários, como ações, títulos de renda fixa, derivativos e outros. A B3 opera ainda como contraparte central das operações, garantindo a execução da maior parte das operações realizadas em seus mercados de atuação. Oferece ainda diversos serviços de central depositária e de central de registro. Além desses serviços, a B3 oferece a gestão de garantias, como o registro de gravames e seguros, uma série de serviços de informação em tempo real aos participantes do mercado.

O PROCESSO DE NEGOCIAÇÃO

A bolsa é instituição administradora de mercado de valores mobiliários e sua principal função é manter as condições adequadas de liquidez e transparência na realização de negócios de compra e venda dos títulos, além de administrar sistemas de compensação, liquidação e custódia de valores mobiliários.

Segundo a regulação, as bolsas de valores são consideradas como um mercado organizado de valores mobiliários, conceituado como espaço físico ou sistema eletrônico, destinado ao registro de operações dos títulos por um conjunto determinado de pessoas autorizadas a operar, que atuam por conta própria ou de terceiros.

Na B3, as sessões de negociação são realizadas por meio de sistema eletrônico. A B3 estabelece mecanismos de administração e controle das operações, por meio do acompanhamento das negociações e dos procedimentos de autorregulação.

A Figura 1 resume as etapas no processo de negociação na visão do investidor.

O cliente emite uma ordem de compra ou venda à sua corretora e esta se encarrega de executá-la no pregão. Para isso ela mantém, no recinto de negociação e em suas mesas de operações, operadores que são habilitados pela B3 por meio de um exame de qualificação.

Caso as ordens sejam enviadas diretamente pelo home broker, o sistema da corretora, conectado ao sistema da B3, envia tal ordem, que se converte então em uma oferta. Caso as ordens sejam enviadas pela mesa, ou seja, por intermédio de um operador, esse introduz a ordem no sistema eletrônico da bolsa, convertendo também em uma oferta.

As ofertas são processadas e ordenadas pelo sistema da bolsa, unindo a melhor oferta de venda (menor preço) com a melhor oferta de compra (maior preço), e fazendo com que os negócios sejam concretizados.

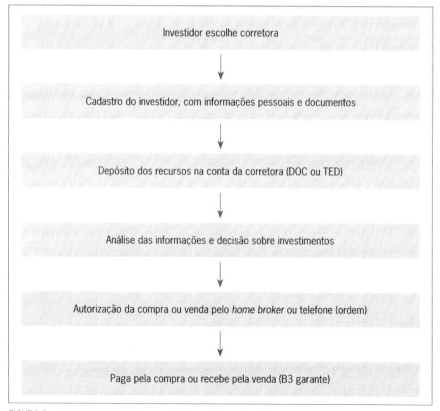

FIGURA 1   Etapas do processo de negociação na visão do investidor.

Sistema de negociação de ações no mercado à vista

Finalmente, após o fechamento dos negócios, a liquidação das operações ocorre com a transferência dos ativos (ações, títulos e derivativos) para o comprador e a transferência dos recursos financeiros ao vendedor.

Sistema de negociação de ações no mercado à vista

A negociação de ações no mercado à vista ocorre com a realização de compra e venda de ações com a liquidação praticamente imediata. A liquidação física, transferência das ações do vendedor para o comprador, e a liquidação financeira, transferência dos recursos financeiros do comprador para o vendedor, se processam no segundo dia útil após a negociação (D+2).

Além das ações, podem ser negociados também direitos e recibos de subscrição de ações. Isso ocorre no caso em que o acionista receba um direito de subscrição e não se interesse em exercer esse direito, podendo vendê-lo no pregão. Ao exercer o direito, o subscritor fica de posse do respectivo recibo de subscrição das novas ações, que também poderá ser negociado.

São negociadas ainda no mercado à vista as *units*, que são certificados de propriedade de ações, compondo ordinárias e preferenciais e os ETFs (Exchange Traded Funds), ou fundos negociados em bolsa.

Sistemas eletrônicos e plataforma de negociação

O processo de negociação das ações e demais títulos ocorre por meio de sistema de pregão eletrônico administrado e fiscalizado pela Bolsa.

O PUMA Trading System é a plataforma eletrônica de negociação multiativos desenvolvido pela B3 em conjunto com o CME group.

Para acessar o sistema de negociação, os participantes necessitam da participação de uma corretora para o envio das ordens, para proporcionar acesso ao usuário final por home broker ou para obter autorização para acessar o sistema PUMA.

O Direct Market Access (DMA) é um canal que conecta o cliente ao ambiente de negociação por meio de sua corretora. Esse canal permite o fluxo de informações do mercado em tempo real para os investidores, bem como o envio de ordens de compra e venda ao sistema da B3.

O grande benefício proporcionado aos investidores com o DMA é a maior autonomia operacional e a eficiência nas negociações. Há diferentes modalidades de DMA, conforme o tipo de conexão da plataforma de investimentos e a bolsa.

- **DMA 1:** a infraestrutura (links, conexão com a bolsa, servidores e equipamentos de rede) que enviam as ordens é da corretora. Com isso, a ordem enviada pelo investidor vai para o provedor da corretora e depois para a B3.

- **DMA 2:** as ordens são recebidas e enviadas por algum provedor autorizado pela B3, dando maior agilidade em relação ao DMA1.
- **DMA 3:** conhecido também como conexão direta, fazendo com que o investidor acesse o mercado diretamente, sem a necessidade de uma infraestrutura na corretora (como ocorre no DMA1) nem com um provedor autorizado (como ocorre no DMA2).
- **DMA4:** Conhecido como co-location, pois a infraestrutura usada para o envio das ordens está fisicamente na área de co-location da B3, com acesso imediato à infraestrutura da bolsa. Esse modelo proporciona menor latência das ordens, ou seja, um menor tempo de chegada da ordem ao sistema da bolsa desde o momento em que é enviada pelo investidor.

Códigos de negociação

As ações, *units*, ETFs, BDRs, BDRs de ETFs, , direitos de subscrição e recibos de subscrição apresentam uma padronização de códigos de negociação no mercado à vista, seguindo a estrutura a seguir:

- ABCDN(F).
- AAAA – código da empresa.
- N – número que designa o tipo de ativo (direitos, ações ou *units*).
- F – (opcional) inserido ao final do código para designar operações no Mercado Fracionário.

O Quadro 1 exemplifica cada um dos diferentes códigos de ações, direitos, *units* e ETFs negociados no mercado à vista.

QUADRO 1 Tipos de ativos e códigos de negociação no mercado a vista

Tipo do ativo		Número	Exemplo
Direitos de subscrição	Ordinárias	1	PETR 1
	Preferenciais	2	PETR 2
Ações	Ordinárias	3	PETR 3
	Preferencias	4	PETR 4
	Preferenciais classes A e B	5 e 6	USIM5
	Preferenciais classe C e D	7 e 8	JBSS8
Recibos de subscrição	Ordinárias	9	VALE9
	Preferenciais	10	BBDC10
Units	Cesta de papéis	11	TAEE11
ETFs	Cesta de papéis	11	BOVA11

(continua)

CAPÍTULO 4 • MERCADO DE BOLSA E MERCADO DE BALCÃO **73**

QUADRO 1   Tipos de ativos e códigos de negociação no mercado a vista (continuação)

Tipo do ativo		Número	Exemplo
BDRs	Ações de empresas estrangeiras	31, 32, 33, 34	XPBR 31, NUBR33, AMZO34
BDRs de ETFs	Cestas de papéis estrangeiras	39	BEGU39

Lotes de negociação

A forma de negociação também pode obedecer a regras conforme a quantidade de ações. A negociação por lotes, no chamado Lote Padrão, é feita geralmente por múltiplos de 100, admitindo apenas ordens que atenderem a esse requisito de quantidade.

Os lotes que não atenderem a esse requisito, em quantidades de até 99 ações, devem ser realizados no chamado Mercado Fracionário, podendo apresentar preços ligeiramente distintos das negociações realizadas com lotes padrão. Para designar o ativo no Mercado Fracionário, coloca-se a letra F ao final. Por exemplo, ao inserir o código VALE3F, o investidor poderá comprar ou vender quantidades de 1 a 99.

A exceção a essa regra fica por conta dos ETFs, que podem ser negociados em até uma unidade sem a necessidade de inserção da letra F ao final do código.

Tipos de ordem

As ordens dadas pelos investidores podem se distinguir quanto aos valores e condições para execução, conforme descrito a seguir.

Ordem a Mercado: é aquela que especifica somente a quantidade e as características dos valores mobiliários ou direitos a serem comprados ou vendidos, devendo ser executada a partir do momento em que for recebida pela sociedade corretora. A compra ou a venda é realizada ao preço de mercado atual.

Ordem Limitada: é aquela que deve ser executada somente a preço igual ou melhor do que o especificado pelo comitente.

Ordem Casada: é aquela constituída por uma ordem de venda de determinado valor mobiliário ou direito de compra de outro, que só pode ser efetivada se ambas as transações puderem ser executadas, podendo o comitente especificar qual das operações deseja ver executada em primeiro lugar.

Ordem Start/Stop: é aquela que é enviada à bolsa apenas caso o preço atinja determinado patamar. Por exemplo, uma ordem de compra start pode ser enviada à bolsa assim que o preço de um ativo estiver em alta e superar determinado preço. E uma ordem de venda stop pode ser enviada à bolsa assim que o preço de um ativo estiver em queda e ficar abaixo de determinado preço.

74 MERCADO DE CAPITAIS E BOLSA DE VALORES

Serão admitidos no sistema de negociação do pregão eletrônico, ofertas de compra e venda de ações de acordo com os tipos de ordens mencionados e nas seguintes condições:

- Execução imediata – aquela deverá ser fechada de imediato.
- Execução total – aquela que deverá ser fechada por sua quantidade total.
- Execução direta – quando a corretora representa as duas partes.

Além dessas características das ordens, os investidores podem inserir validade nas ordens limitadas ou start/stop. Dessa forma, as operações poderão ser concretizadas quando os preços atingirem o patamar determinado, ainda que isso ocorra em dias posteriores.

Ordens com fechamento automatizado e *stop loss*

As ordens automatizadas são uma variação das ordens *start/stop* e tem como objetivo auxiliar na gestão operacional do investidor.

Essa automatização se dá pelo encerramento da posição quando o preço atinge o objetivo de ganho ou para limitar as perdas, nesse caso chamada de **stop loss**.

Suponha que um investidor adquiriu 1000 ações de uma empresa ao preço de R$ 25,00, visando um objetivo de ganho de 10%, equivalente a R$ 2.500,00. Nesse caso, o objetivo de ganho é estabelecido quando o preço atingir R$ 27,50. O investidor pode então deixar uma ordem de venda programada em seu *home broker* para que a corretora envie a oferta à bolsa assim que o preço atingir esse valor.

Nessa mesma operação, suponha que o investidor queira limitar as perdas a 5%, no caso de as ações apresentarem redução de preço, ou seja, o investidor deseja estabelecer um *stop loss* de 5%. Para limitar suas perdas, o investidor poderá deixar uma ordem de venda programada em seu *home broker* para que a corretora envie a oferta à bolsa assim que o preço atingir esse valor, ou seja, R$ 23,75.

O *stop loss* é um mecanismo fundamental para auxiliar o investidor e impedir que as perdas sejam superiores ao esperado. No entanto, o ponto adequado para o *stop loss* depende do objetivo do investidor, do prazo da operação e da volatilidade do ativo.

Por exemplo, suponha que no caso anterior, o preço da ação sofra uma oscilação de queda de 5% e depois volte a subir. Nesse caso, embora a operação tenha sido interrompida pelo *stop loss*, poderia progredir e atingir o objetivo de ganho.

É por esse motivo que devem ser considerados, no momento de definir o *stop loss*, a volatilidade do ativo e os limites de perda aceitos pelo investidor.

No caso de ordens com fechamento automatizado, alguns sistemas de *home broker* possuem o mecanismo chamado de OCO (Ordem Cancela Ordem). Por esse mecanismo, no exemplo mencionado, caso o preço do ativo atinja um dos pontos estabelecidos (objetivo de ganho ou *stop loss*), a outra ordem é automaticamente cancelada.

No exemplo mencionado, o mecanismo OCO se destina a evitar que o investidor acabe por ter que vender a ação novamente caso o preço atinja um dos pontos e volte no outro.

Suponha que o investidor não utilize o mecanismo OCO e deixe duas ordens de venda programadas, uma a R$ 27,50 (objetivo de ganho) e outra a R$ 23,75 (*stop loss*). Então, se o preço atingir R$ 27,50 ele venderá as ações a esse preço e atingirá seu objetivo. Porém, se posteriormente o preço atingir R$ 23,75, a outra ordem de venda será executada, fazendo com que o investidor venda as ações.

Caso o investidor não possua as ações, a corretora poderá automaticamente alugar ações, desde que haja potenciais doadores, conforme descrito na seção "Aluguel de Ações" a seguir.

Horários de negociação

Os horários de negociação do mercado à vista vão das 10h até 17h. Porém, alguns minutos antes da abertura e após o fechamento ocorrem alguns eventos importantes, permitindo também o envio de ordens, conforme o Quadro 2.

QUADRO 2 Horários de negociação no mercado de ações

9:30 às 9:45	Cancelamento de ofertas com validade
9:45 às 10:00	Pré-abertura
10:00 às 16:55	Negociação
16:55 às 17:00	*Call* de fechamento

O primeiro período descrito se destina ao cancelamento de ofertas que tenham sido enviadas em dias anteriores, e que tiverem uma validade até data posterior.

A pré-abertura consiste no procedimento de registro de ofertas antes do início de negociação com o objetivo de dar origem à formação de preços. Nesse período não ocorrem negociações, mas as ofertas são registradas para concretização a partir do início do período de negociação.

Durante o período de negociação, as ordens são enviadas normalmente às corretoras e as ofertas são registradas na bolsa para negociação.

No período de pré-fechamento, ou *call* de fechamento, ocorre o registro de ofertas antes do término das negociações regulares, com o objetivo de dar origem ao preço de fechamento.

Os horários descritos podem sofrer alterações devido às mudanças nos horários de negociação do mercado norte-americano, em períodos de horário de verão naquele país, ou quando é decretado horário de verão no Brasil.

After Market

O *after-market* consiste em uma extensão do horário regular do pregão eletrônico das 17:30 às 18:00 horas. Trata-se de uma oportunidade para que investidores que não podem operar no horário regular realizem suas negociações. No entanto, as operações têm algumas restrições, conforme itens a seguir.

- Podem ser negociados apenas papéis pertencentes ao Ibovespa B3 ou outro índice da B3, e que tenham sido negociados no mesmo dia, durante o horário regular de pregão.
- Os preços não poderão exceder a variação de 2% em relação ao preço de fechamento do pregão regular.
- Seus preços não interferem no cálculo do Ibovespa B3.
- O volume de negociação é limitado atualmente a R$ 900 mil por CPF.

Home Broker

É o instrumento que permite ao investidor a negociação de ações via internet. Essa modalidade surgiu em 1999 com o desenvolvimento da internet. O *home broker* permite que as ordens de compra e venda de ações sejam enviadas ao sistema de negociação por meio do *site* da corretora na internet, independente da localidade em que o investidor estiver.

Para operar via *home broker*, a corretora terá cláusulas contratuais específicas no contrato de seus clientes, expondo todos os riscos e limites operacionais, já que os erros cometidos pelos investidores na inserção das operações no sistema não passam por um crivo da corretora, e serão executados, não cabendo direito de cancelamento após sua execução.

Na prática, o *home broker* é o equivalente ao *internet banking* para as operações em bolsas de valores, e atualmente possui também aplicativos para celular, permitindo o envio de ordens de qualquer localidade, desde que haja acesso à internet.

Os sistemas de *home broker* podem ser, desenvolvidos e oferecidos pelas corretoras, ou ainda podem envolver plataformas mais sofisticadas, que permitem ao investidor realizar operações com diversas corretoras em um único sistema. Essas plataformas são oferecidas por empresas especializadas e possuem diversos recursos, como a operação diretamente pelo gráfico ou pelo livro de ofertas.

Prazo das operações

As operações de negociação de ativos financeiros podem ocorrer com diferentes prazos, dependendo dos objetivos do investidor. As operações abertas e encerradas no mesmo dia (operações no *intraday*) são chamadas também de operações de *day trade* e *scalper trade*.

As operações de *swing trade* são realizadas com duração de alguns dias ou semanas. Já as operações de *position trade* e *buy and hold* têm prazo maior, com duração de meses ou anos.

A seguir cada uma dessas operações é descrita com suas características.

Operações de *Day Trade* e *Scalper Trade*

Ambas representam a realização de compra e venda de um mesmo ativo, na mesma quantidade, pelo mesmo cliente, no mesmo dia e com a mesma corretora. São conhecidas também pela denominação de operações no *intraday*.

A liquidação dessas operações é por compensação financeira. O saldo apurado será creditado ou debitado ao cliente em D+2.

Nas operações de *day trade* algumas condições são distintas daquelas realizadas com prazo superior a um dia, conforme itens a seguir:

- Tributação diferenciada sobre os rendimentos, de acordo com as normas da Receita Federal.
- Possibilidade de operar alavancado, comprando ativos sem possuir a totalidade dos recursos financeiros, desde que o investidor mantenha um depósito em garantia, conforme as regras da corretora e da B3.
- Possibilidade de operar vendido, mesmo sem possuir os ativos, desde que o investidor mantenha também um depósito em garantia, conforme regras da corretora e da B3.

A finalidade principal do *day trade* é se beneficiar da volatilidade nos preços que ocorre ao longo do dia, graças a notícias, divulgação de resultados, movimentações de compra e venda e outros eventos que possam afetar o preço dos ativos.

Ao mesmo tempo que oferece oportunidades de ganhos, a modalidade apresenta maiores riscos, já que as oscilações ocorridas em um dia só podem ser aproveitadas se o investidor operar com uma quantidade grande de ativos. Além disso, a possibilidade de operar com alavancagem (sem ter a totalidade dos recursos) oferece riscos de variação patrimonial superiores às operações normais.

As operações de *scalping*, ou *scalper trade*, possuem características semelhantes às do *day trade*. Porém, seu prazo em geral é mais curto, durando poucos minutos, ou até segundos.

Outra característica do *scalping* é a busca de uma pequena oscilação de preços, geralmente muito menor do que as operações tradicionais de *day trade*.

Operações de *Swing Trade*

Essas operações são realizadas com prazo de alguns dias ou semanas. Suas características são distintas das operações de *day trade*, pois não é possível operar com alavancagem, ou seja, caso o investidor queira adquirir ações, deverá possuir os recursos financeiros disponíveis em sua conta na corretora.

O objetivo dessas operações é aproveitar tendências de oscilação de preços no curto prazo, decorrentes de eventos, notícias ou da identificação de distorções no preço. Pelo fato de ocorrer em um prazo curto, não há tanta influência dos resultados obtidos pela empresa ao longo do tempo.

Operações de *Position Trade* e *Buy and Hold*

Essas operações são realizadas com prazo mais longo, com o objetivo de se beneficiar do crescimento da empresa e dos rendimentos com dividendos. As operações de *position trade* envolvem a compra e venda com prazo de alguns meses ou anos, enquanto as operações de *buy and hold* são realizadas com prazo de muitos anos e, em muitos casos, essas operações não têm prazo para finalizar.

As estratégias utilizadas pelos investidores nessas operações são distintas das anteriores, pois de fato, nesses casos, o investidor pode visualizar a evolução da empresa e se beneficiar do crescimento da receita, lucro e demais resultados da empresa.

Por isso, essas operações podem ser utilizadas com o propósito de constituir uma carteira de investimentos de longo prazo ou uma carteira previdenciária, que gera rendimentos constantes ao longo do tempo.

Leilões e *Circuit Breaker*

Os leilões têm como objetivo evitar a oscilação excessiva no preço dos ativos. Ocorrem em dois horários fixos, abertura e fechamento, e quando se verificam condições particulares que se formariam pelo encontro de uma oferta de compra e outra de venda.

Exemplo:

- Quantidade excedente à média nos últimos pregões.
- Quantidade que representa percentual relevante do capital social.
- Alta variação de preços em curto tempo.

Para disparar os leilões, a B3 possui um sistema que identifica tais condições e sinaliza aos participantes que o ativo está em leilão.

A partir desse momento, as transações podem ser realizadas desde que haja ordens de compra e venda ao mesmo preço. Para estabilização do preço e definição do chamado preço teórico, são usados três critérios:

- Volume de negociação ao mesmo preço.
- Menor desequilíbrio entre preços de compra e de venda.
- Menor diferença em relação ao último preço antes do início do leilão.

O leilão é mantido até que ocorra a estabilização dos preços, com menor variação em relação ao preço antes do início do leilão.

Quando o investidor participa de um leilão, não pode cancelar nem diminuir a quantidade das ofertas que sejam maiores que o preço teórico, no caso de compra, ou menores que o preço teórico, no caso de venda.

Caso o investidor queira alterar a ordem dada em um leilão, poderá apenas aumentar a quantidade ou "melhorar a oferta", com um preço maior, no caso de compra, ou menor, no caso de venda.

O *circuit breaker* é outro mecanismo de controle de oscilação do índice, que interrompe os negócios da bolsa. Nesse período, não é possível realizar compras ou vendas.

A paralização é deflagrada conforme a variação dos patamares e durações a seguir:

- Estágio 1 (Ibovespa B3 cai 10%) – 30 minutos de paralisação.
- Estágio 2 (Ibovespa B3 cai 15%) – 1 hora de paralisação.
- Estágio 3 (Ibovespa B3 cai 20%) – 24 horas de paralisação.

Há ainda a possibilidade de paralização da bolsa em emergências, como estado de calamidade pública, guerra ou qualquer acontecimento que interfira no funcionamento regular dos mercados, serviços e liquidação das operações. Nesses casos, o Diretor Presidente da B3 poderá tomar as seguintes medidas:

- Alterar os prazos de vencimentos de contratos e opções.
- Decretar recesso da bolsa.
- Cancelar negócios registrados.

Liquidação das operações

A central depositária é a responsável pela liquidação e custódia dos títulos. Conforme a Figura 2, a central depositária concretiza a entrega dos títulos para o investidor comprador e o pagamento dos fundos ao vendedor.

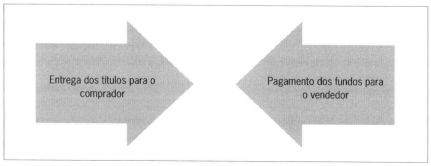

FIGURA 2 Liquidação das operações e a central depositária.

O fluxo da liquidação obedece aos prazos, conforme o Quadro 3.

QUADRO 3 Prazos para liquidação das operações no mercado à vista

D+0	D+2
Dia da operação	2º dia útil
Central confirma operação para as partes envolvidas	Prazo limite para vendedor entregar títulos Central processa a transferência dos títulos e dinheiro

Portanto, a liquidação consiste na concretização das obrigações dos agentes envolvidos após o processo de compensação multilateral, envolvendo as seguintes etapas intermediárias:

- A entrega dos ativos dos vendedores para a câmara da B3.
- O pagamento dos compradores para a câmara da B3 em recursos financeiros.
- A entrega dos ativos aos compradores e o pagamento em recursos financeiros aos vendedores.

Conta margem

A conta margem é um crédito concedido pelas corretoras aos clientes para operação no mercado à vista, mediante pagamento de juros. Seu funcionamento é semelhante a um limite de cheque especial.

Para concessão de limite na conta margem, as ações compradas são mantidas na corretora como garantia. O valor do limite concedido é uma fração dos valores das ações e dos títulos mantidos em garantia, e essa fração varia conforme a corretora, a liquidez e a volatilidade dos preços dos títulos e das ações.

Esse limite é utilizado pelos investidores para realizar compra de ativos sem ter a totalidade dos recursos, alavancando seus investimentos sem se desfazer dos seus ativos, além de poder realizar operações de *day trade*, sem ter o saldo em dinheiro na conta corrente.

ETF – EXCHANGE TRADED FUND

Os ETFs (Exchange Traded Funds) são fundos de investimento em índice, com cotas negociáveis em bolsa, como se fossem ações ou outros ativos. Representam uma carteira de ações ou outros ativos que busca acompanhar o desempenho de determinado índice de mercado, diminuindo o risco de perda quando a negociação ocorre com uma ação em especial.

A vantagem na aquisição de um ETF em vez de adquirir ativos individualmente está na redução do custo da operação, na acessibilidade para investidores com menor capital para investimento e na possibilidade de diversificar a carteira de investimentos.

O custo da operação torna-se menor quando comparada à montagem da mesma carteira de ações por conta própria, pois em uma única operação, o investidor pode acessar o investimento em diversas empresas, acarretando custos de corretagem e emolumentos de uma operação apenas.

Além disso, com os ETFs é possível realizar a aquisição de uma única unidade, requerendo assim um investimento bem menor do que o necessário para adquirir as ações individualmente.

Por fim, a questão da diversificação do investimento é fundamental, pois o investidor acessa empresas de diferentes setores com a aquisição desses ativos.

As partes envolvidas nas transações com ETFs são:

- B3 – fornece a plataforma para a negociação.
- Gestor do fundo – responsável pela gestão da carteira do fundo e por replicar a performance do índice de referência.

- Administrador – responsável pela administração do fundo e pela emissão e resgate das contas.
- Agente autorizado – a corretora pode emitir e resgatar lotes mínimos, relacionando-se diretamente com o administrador do fundo. Esses agentes são quem os investidores devem procurar para investir em ETFs.
- Formadores de mercado – as corretoras atuam no mercado com ofertas de compra e venda, obedecendo um *spread* máximo, com a finalidade de manter a liquidez dos ETFs.
- Custodiante – assegura a guarda dos ETFs e operacionaliza a emissão e o resgate das cotas.

Os ETFs são negociados normalmente no mercado de bolsa, da mesma forma que as ações das companhias abertas; porém, o seu valor de referência é uma estimativa do valor teórico da cota em um dado momento. Corresponde ao valor total dos ativos da carteira do ETF, com as cotações das ações que compõem a carteira do fundo.

Com as negociações no mercado de bolsa, o preço de mercado do ETF será próximo do valor de referência, entretanto, poderá ser negociado com ágio ou deságio.

ALUGUEL DE AÇÕES

O aluguel de ações é uma modalidade de operação oferecida pela Central Depositária, que permite que um investidor alugue ações, com a finalidade de vendê-las para se beneficiar da queda nos preços, ou usufruir dos direitos de acionistas, como a participação em Assembleias.

A operação funciona com a disponibilização das ações de clientes ofertantes nas corretoras. Os tomadores efetuam o empréstimo por meio de sua corretora. O tomador paga ao locador uma taxa, proporcional ao prazo do contrato do aluguel, calculada sobre a cotação da ação.

Para o locador, ou seja, o investidor que possui as ações e disponibiliza para outros investidores, recebendo a taxa de aluguel, as vantagens são as seguintes:

- Obtenção de receita de aluguel sobre títulos que ficariam "parados".
- Manutenção do direito de recebimentos dos proventos.
- Baixo risco, pois a operação conta com a garantia da B3.

Para o tomador, ou seja, o investidor que obtém as ações e paga a taxa de aluguel ao locador, as vantagens são:

- Apostar na baixa, vendendo os títulos à vista e recomprando, posteriormente, com preço inferior para devolução.
- Usar as ações como garantia de operações no mercado futuro e de opções.
- Participação em Assembleias de Acionistas.

É importante destacar que, ao alugar suas ações, o locador cede temporariamente esses títulos ao tomador. Portanto, os direitos de recebimento de proventos são também transferidos ao tomador. No entanto, pelas regras da operação, os proventos permanecem como direito do locador, o ajuste é feito pela Central Depositária e pela B3, determinando que a corretora do tomador deduza o valor dos proventos em sua conta, adicionando o valor à conta do locador.

Esse processo ocorre da mesma forma quando o tomador vende as ações alugadas. Para exemplificar essa operação, suponha que um investidor acredite que o preço das ações de uma empresa, atualmente negociadas a R$ 25,00, sofrerão uma queda. Nesse caso, ele poderá alugar as ações e vendê-las ao preço de R$ 25,00. Suponha que a taxa de aluguel seja de 1% ao ano e que esse investidor faça a operação com 1.000 ações. No ato da abertura da operação, o investidor receberá em sua conta o valor pela venda de R$ 25.000.

Suponha então que após o término do prazo, o preço das ações esteja em R$ 20,00. Ele encerrará a operação adquirindo ações a esse preço e devolvendo ao doador (quem alugou as ações para esse investidor). Haverá nesse caso uma saída de valores da conta do investidor de R$ 20.000 pela compra das ações, somado à taxa de aluguel de R$250,00 (1% de R$ 25.000), somado ainda aos demais custos operacionais da bolsa e da corretora.

O resultado da operação será então:

+ R$ 25.000 pela venda na data de abertura.

– R$ 20.000 pela compra das ações na data de encerramento.

– R$ 250 pelo aluguel das ações.

R$ 4.750 resultado bruto, antes das taxas e corretagem.

Obviamente, se o investidor obteve um ganho com a queda das ações, apuraria uma perda caso as ações se valorizem.

A operação de aluguel de ações é feita de forma automática em algumas corretoras, ou seja, uma vez que o investidor realiza a venda de ações sem possuí-las em sua carteira, a corretora automaticamente contrata o aluguel das ações para o investidor, desde que haja disponibilidade de ações para aluguel de potenciais doadores.

Mercado a termo

É a compra e venda de ações, com prazo de liquidação previamente fixado pelas partes. Esse prazo pode ser situado entre 16 e 999 dias corridos. Normalmente esse prazo é de 30, 60, 90 e 120 dias.

Na operação a termo, o comprador se compromete a comprar a ação pelo preço definido na data acordada; e o vendedor se compromete a vender a ação pelo preço definido na data acordada. No vencimento, o comprador liquida a operação, adquirindo as ações. O preço a termo é formado a partir do preço à vista mais uma taxa de juros.

A vantagem para o comprador, chamado também de tomador, é realizar a compra da ação sem ter os recursos imediatamente, se beneficiando no caso de valorização. No entanto, caso a ação não sofra a valorização esperada, o comprador terá mesmo assim a obrigação de liquidar a operação.

Para o vendedor, chamado também de doador, é uma operação com baixo risco, já que a liquidação é garantida pela B3.

Devido ao risco para o tomador, esse deverá depositar garantias para assegurar a liquidação da operação. Essa garantia pode ser em dinheiro ou em outros ativos, cujo valor é definido conforme a corretora e o tipo de ativo apresentado como garantia (ações, títulos etc.).

Já o vendedor deve possuir as ações objeto da operação na data da realização do termo.

Quanto à liquidação das operações, no mercado a termo há três formas de a operação ser liquidada:

- Por decurso de prazo, o comprador aguarda a data de vencimento.
- Antecipada, o comprador solicita a liquidação e é debitado no dia seguinte.
- Por diferença, o comprador encerra antecipadamente o contrato, vendendo as ações no mercado à vista, até o terceiro dia útil antes do vencimento.

Na liquidação antecipada com a compra das ações, o comprador considera que o preço da ação no mercado à vista já atingiu um preço adequado, e por isso antecipa o pagamento e o encerramento do termo, ficando com as ações. Essa operação deve ser feita em até dois dias úteis antes do vencimento, e o preço pago pelas ações não tem diferença em relação ao valor estabelecido no termo.

No caso de liquidar a operação pela diferença, o comprador não necessita possuir os recursos financeiros para adquirir as ações, pois a liquidação da operação a termo, que geraria uma saída de caixa, é compensada com a entrada dos recursos decorrentes da venda. Assim, caso a cotação da ação esteja abaixo do valor estipulado no termo, haverá uma saída de caixa correspondente à diferença entre as cotações. Por outro lado, se a cotação da ação estiver acima do valor estipulado, haverá uma entrada de caixa correspondente à diferença entre as cotações.

A título de exemplo, suponha que uma ação seja negociada no mercado à vista pelo preço de R$ 20,00, e que um investidor deseja adquirir 1.000 ações a termo, para um prazo de 60 dias. Suponha que, nesse caso, a taxa do termo seja de 0,65%, fazendo com que o preço a termo seja de R$ 20,00 x (1 + 0,0065) = 20,13. Assim, o comprador se compromete a pagar no prazo de 60 dias o valor total de R$ 20,13 x 1000 = R$ 20.130,00.

O comprador se beneficiará da operação caso o preço à vista no prazo determinado superar os R$ 20,13. Por exemplo, se o preço estiver em R$ 21,00, o investidor poderá vender as ações a esse preço tendo comprado pelo valor de R$ 20,13, lucrando com a operação.

Por outro lado, se o preço estiver abaixo de R$ 20,13 no vencimento, o comprador arcará com a perda, pois terá que pagar pelo preço do termo, mesmo que o ativo esteja sendo cotado a um preço inferior.

Para o comprador, os objetivos da operação a termo podem ser:

- Fixar preço, pois teme uma alta no mercado à vista e quer se beneficiar dessa oscilação.
- Alavancagem – também espera alta, investindo apenas pequena margem em dinheiro ou em outros ativos.
- Caixa – o possuidor das ações não pretende se desfazer delas, mas está precisando de dinheiro por certo tempo.

Para o vendedor, os objetivos da operação a termo podem ser:

- Aumentar a receita, pois decide vender as ações e obtém os juros embutidos no preço.
- Financiamento - dispõe de recursos, compra ações à vista e, no mesmo momento, as vende a termo, desejando obter uma taxa de remuneração correspondente à diferença de preços entre as duas operações.

A operação de financiamento, chamada também de "operação caixa", envolve a venda das ações no mercado à vista e recompra a termo. Com isso, o investidor gera um caixa (dinheiro) para resgate em D+3 ou para realizar outras operações desejadas. Geralmente, as taxas deste financiamentNesse caso, o possuidor das ações não pretende se desfazer delas, mas está precisando de dinheiro por certo tempo. Por isso, pode vender o papel à vista e recomprar a termo. Então,parativamente maiores no sistema bancário (por exemplo empréstimos bancários) do que as taxas do mercado a Termo.

Ao término do prazo determinado pelo termo, é possível postergar o prazo por meio da criação de um novo termo da mesma ação. Essa operação, popularmente chamada de "rolagem", é muito comum quando o investidor acredita que a tendência de alta nos preços ocorrerá no futuro. Outra situação que motiva a "rolagem" é quando o investidor realiza uma "operação caixa" e quer prorrogar por mais prazo o pagamento.

Para realizar essa operação, o comprador deverá liquidar o termo e criar um novo contrato imediatamente. Com isso, o valor referente à diferença entre o preço pago do contrato anterior e do novo contrato será deduzido da conta do investidor na corretora.

O termo em dólar é uma operação idêntica à tradicional. A diferença é que o preço contratado em reais será referenciado na taxa de câmbio R$ x US$ (PTAX).

A tributação das operações a termo é semelhante às demais operações realizadas com ações, incidindo a alíquota de 15% sobre o lucro decorrente da diferença entre o preço de compra e o preço de venda. Porém, nesse caso não há a isenção de imposto para operações realizadas abaixo de R$ 20.000 no mês.

ÍNDICES DE AÇÕES

Índice é um indicador de desempenho de uma carteira teórica de ações ou units. Possui a finalidade de servir como indicador do comportamento do mercado. Essa carteira teórica é composta pelas ações em uma bolsa. Os índices permitem que os investidores utilizem seu desempenho como base para referenciar investimentos, por exemplo fundos, e compara a rentabilidade com outros ativos, como moedas estrangeiras, títulos públicos, além de outros índices de bolsas estrangeiras.

O primeiro índice de ações foi criado em 1884 nos Estados Unidos por Charles Dow e Edward Jones, o Dow Jones Transportation Average, que continha ações das principais empresas de transporte negociadas na bolsa americana, sendo, portanto, um índice setorial. Em 1896 foi criado o primeiro índice de mercado, o Dow Jones Industrial Average, que acompanhava as ações mais negociadas da bolsa americana.

Para definir as ações que fazem parte do índice, são utilizados os critérios de inclusão, que são variáveis associadas ao volume de negociação e são medidas ao longo de um período, determinando a entrada de uma ação dentro da carteira de um índice, de ações ou setoriais.

Índice Ibovespa B3

O Índice Bovespa, conhecido também como Ibovespa B3, foi criado em 1968 pela bolsa de valores de São Paulo, com o valor de 100 pontos e a primeira carteira tinha apenas 18 ações. Reflete a rentabilidade de uma carteira teórica de ações, revisadas a cada quatro meses.

Para determinar o volume de negociação de cada ação, é calculado no período de 12 meses o indicador chamado de Índice de Negociabilidade, que considera uma ponderação do número de negócios realizados e volume financeiro em relação ao total de negócios e volume transacionado no período.

A fórmula a seguir representa o cálculo do Índice de Negociabilidade para uma ação.

$$IN = \frac{\sum_{i=1}^{p} \sqrt{\frac{n_a}{N} \times \left(\frac{V_a}{V}\right)^2}}{P}$$

Onde:

IN = índice de negociabilidade.

n_a = número de negócios com o ativo a no mercado a vista (lote-padrão).

N = número total de negócios no mercado à vista da B3 (lote-padrão).

V_a = volume financeiro gerado pelos negócios com o ativo a no mercado à vista (lote-padrão).

V = volume financeiro total do mercado à vista da B3 (lote-padrão).

P = número total de pregões no período.

Para inclusão no Ibovespa B3, é necessário que as ações atendam aos seguintes requisitos:

- Estar incluída na soma do índice de negociabilidade dentro de 85% desse indicador.
- Ter representado no mínimo 0,1% do total de negócios (volume) dos últimos 12 meses.
- Ter sido objeto de negócios de no mínimo 95% dos pregões.
- Não seja classificada como "penny stock", ou seja, deve ter cotação superior a R$ 1,00.

Atribui-se a cada ação que compõe o índice um peso apurado em função da representação da ação no índice de negociabilidade, com limite de participação não superior a 20%.

O Gráfico 1 apresenta a evolução histórica do Ibovespa B3 desde 1994 até 2022. Nota-se as oscilações mais significativas em períodos de crise, como a de 2009, 2015 e 2020.

GRÁFICO 1   Evolução histórica do Ibovespa B3

IB$_R$X-50 – Índice Brasil 50

Trata-se de um índice que mede o retorno de uma carteira teórica composta por 50 ações e *units*. Para inclusão no índice, é necessário que a ação conste entre as 50 ações e *units* com maior índice de negociabilidade, utilizando o mesmo cálculo aplicado ao Ibovespa B3.

Além disso, as ações devem ter sido negociadas no mínimo 70% de pregões nos últimos 12 meses, e a empresa não pode estar sob regime de recuperação judicial, processo falimentar ou sujeita a prolongado período de suspensão das negociações.

O peso da ação na carteira é ponderado pelo número de ações disponíveis à negociação no mercado.

IB$_R$X-100 – Índice Brasil 100

O Índice Brasil 100 ou IB$_R$X-100 mede a valorização de uma carteira teórica composta pelas 100 ações e *units* mais negociadas na bolsa. Sua metodologia é semelhante àquela aplicada para o Índice Brasil 50.

Índice de Sustentabilidade Empresarial - ISE. B3

O ISE – Índice de Sustentabilidade Empresarial é composto por ações de empresas com reconhecido comprometimento com responsabilidade social e a sustentabilidade empresarial.

CAPÍTULO 4 • MERCADO DE BOLSA E MERCADO DE BALCÃO 89

A bolsa é responsável pelo cálculo do índice, sobre as 200 ações mais negociadas, com no mínimo 50% de participação nos pregões.

As empresas candidatas ao índice são submetidas inicialmente à coleta de dados por meio de um questionário, e avaliação quantitativa, que gerará o Score ISE B3.

O questionário abrange as seguintes dimensões, envolvendo requisitos que as empresas devem atender:

- Capital humano: práticas trabalhistas, saúde e segurança no trabalho, engajamento, diversidade e inclusão dos funcionários.
- Governança corporativa e alta gestão: gestão da sustentabilidade, gestão de riscos, práticas de governança, ética nos negócios, manutenção do ambiente competitivo e gestão dos ambientes legal e regulatório.
- Modelo de negócio e inovação: sustentabilidade do modelo de negócio, design de produto e gestão do ciclo de vida, eficiência no suprimento e uso de materiais, gestão da cadeia de suprimentos e finanças sustentáveis.
- Capital social: direitos humanos e relação com a comunidade, investimento social privado e cidadania corporativa, acessibilidade técnica e econômica, qualidade e segurança do produto, práticas de venda e rotulagem de produtos, bem-estar do cliente, privacidade do cliente e segurança de dados.
- Meio ambiente: políticas e práticas de gestão ambiental, impactos ecológicos, gerenciamento de energia, gestão da água e efluentes líquidos, gestão de resíduos e materiais perigosos.
- Mudança no clima: dimensão avaliada por meio do score CDP – Climate Change.

IGC B3 – Índice de Ações com Governança Corporativa Diferenciada

É um índice que tem por objetivo medir o desempenho de uma carteira composta por ações de empresas negociadas no novo mercado ou estar listadas nos níveis 1 ou 2 de Governança Corporativa da bolsa.

Os critérios para inclusão no IGC são os seguintes:

- Ser listado no Novo Mercado ou nos Níveis 1 ou 2 da B3.
- Ter presença em pregão de 50% (cinquenta por cento) no período de vigência das três carteiras anteriores ou em seu período de listagem, se inferior.
- Não seja classificada como "Penny stock", ou seja, deve ter cotação superior a R$ 1,00.

Índice Valor - IVBX-2 B3

Esse índice foi criado pela B3 e pelo jornal Valor Econômico para acompanhar o retorno de uma carteira constituída por ações de empresas bem-conceituadas pelos investidores, mas que não constam nas primeiras posições do Índice de Negociabilidade. É composto por 50 ações de empresas classificadas a partir da 11ª posição no *ranking* do índice de negociabilidade. Os critérios para inclusão nesse índice são: não ser de emissão das empresas com os 10 maiores valores de mercado; e ter presença em pregão de 95% nos últimos 12 meses.

Índices Mid Large Cap (MLCX) e Small Cap (SMLL)

Os índices MLCX (Mid Large Cap) e SMLL (Small Cap) têm como finalidade medir o desempenho das ações de empresas de portes específicos listados na bolsa. O primeiro refere-se a empresas de maior valor de mercado, e o segundo a empresas de menor capitalização.

Para inclusão nos índices devem ser atendidos os critérios a seguir:

- As empresas que representarem em conjunto 85% do valor de mercado são participantes do MLCX. As demais empresas são elegíveis ao SMLL.
- As ações de ambos os índices devem representar em conjunto 99% do somatório total de índice de negociabilidade e possuir 95% de presença nos pregões realizados nos últimos 12 meses.

Índices Setoriais

O objetivo dos índices setoriais é servir como indicador de desempenho do setor de atividade. Com eles, os investidores dispõem de um indicador para avaliar alguns setores da economia de forma agregada, considerando todas as empresas cuja atividade econômica se enquadra no setor.

Na bolsa existem vários índices setoriais, entre eles, o índice de energia elétrica (IEE), o índice consumo (ICON) e o índice industrial (INDX).

O Quadro 4 apresenta os índices setoriais atualmente medidos pela B3.

Principais Índices de ações no Mundo

Os índices de ações são o principal termômetro do mercado de ações, sendo utilizados para acompanhar a evolução dos preços dos ativos em tempo real e em uma perspectiva histórica.

S&P 500

O S&P 500 é abreviatura para Standard & Poor's 500, principal índice da Bolsa de Nova York (New York Stock Exchange) e abrange as 500 maiores empresas de capital aberto dos Estados Unidos, sendo uma das principais ferramentas para acompanhar o desempenho das ações americanas.

Esse índice acompanha os preços de ações americanas de grande capitalização e ações de empresas com valor de mercado superior a US$ 10 bilhões. Entre as empresas de maior peso no índice, destacam-se: Microsoft, Apple, Amazon, Facebook, Google, Johnson & Johnson, Berkshire Hathaway e Visa.

O Gráfico 2 apresenta a evolução do índice S&P 500 desde 1990 até 2022. Nota-se a queda em momentos específicos de crise no período observado.

- 2000 a 2001 – Crise das empresas "pontocom" e o ataque às torres gêmeas.
- 2009 – Explosão da bolha imobiliária.
- 2020 – Pandemia do Coronavírus.

GRÁFICO 2   Evolução do Índice S&P 500 desde 1990

Nasdaq composite index

O índice Nasdaq é o índice ponderado de valor de mercado de mais de 2.500 ações listadas na bolsa de valores Nasdaq. Além disso, inclui ADRs (American Depositary Receipts) e Real Estate Investment Trusts (REITs). Os ADRs são certificados de ações de empresas com capital aberto fora dos Estados Unidos,

CAPÍTULO 4 • MERCADO DE BOLSA E MERCADO DE BALCÃO **91**

Atualmente há diversos índices de bolsas específicas, segmentos de mercado e regiões geográficas. Porém, alguns deles possuem maior importância como referência de ritmo de evolução dos mercados globais, sobretudo aqueles das bolsas dos Estados Unidos, Europa e China. O Quadro 5 apresenta os principais índices mundiais e seus respectivos países de origem.

QUADRO 4   Índices Setoriais da B3

IIAGRO B3	Índice do Agronegócio
IFNC B3	Índice Financeiro
ICON B3	Índice de Consumo
IEE B3	Índice de Energia Elétrica
IMAT B3	Índice de Materiais Básicos
UTIL	Índice de Utilidade Pública
INDX B3	Índice do Setor Industrial
IMOB B3	Índice Imobiliário
IGCMI-C B3	Índice Geral do Mercado Imobiliário Comercial
IFIX B3	Índice de Fundos de Investimento Imobiliário
IFIX L B3	Índice de Fundos de Investimentos Imobiliários de Alta Liquidez
ICB B3	Índice de Commodities Brasil

QUADRO 5   Principais índices de ações do Mundo

Índice	País
S&P 500 – 500 maiores empresas de capital aberto da bolsa de Nova York	Estados Unidos
Nasdaq Composite index – 2500 empresas listadas na Nasdaq	Estados Unidos
Dow Jones Industrial Average Index – Ações da NYSE e Nasdaq	Estados Unidos
FTSE 100 – Financial Times Stock Exchange – empresas da London Stock Exchange	Inglaterra
TSX Composite Index – 250 maiores empresas canadenses	Canadá
DAX 30 Index – 30 empresas mais líquidas da bolsa de Frankfurt	Alemanha
CAC – 40 Cotation Assistée en Continu – 40 empresas entre as 100 mais líquidas	França
Nikkei Index – 225 ações mais negociadas na bolsa TSE Tóquio	Japão
Shanghai Stock Exchange Index – empresas negociadas na bolsa de Shangai	China

permitindo aos investidores daquele país negociarem ações de empresas europeias, asiáticas, brasileiras e de outras nações.

Os REITs são empresas norte americanas que investem em ativos do mercado imobiliário, com formato semelhante aos FIIs (Fundos de Investimento Imobiliário), mas com algumas diferenças, como o fato de não serem gerenciados por um fundo e sim por uma empresa, além da forma de pagamento dos dividendos.

Uma das características do índice Nasdaq é que ele não inclui apenas empresas de origem americana e sua composição é de cerca de 50% de empresas de tecnologia, seguidas por serviços, saúde e finanças.

Dow Jones

O Dow Jones Industrial Average (DJIA), também chamado de Dow 30, acompanha o desempenho de 30 empresas de grande porte de capital aberto negociadas na Bolsa de Valores de Nova York (NYSE) e na Nasdaq.

Criado em 1896, tem a finalidade de avaliar o desempenho da economia americana sob a ótica das empresas de modo mais amplo. Inclui empresas como: Visa, Nike, JPMorgan Chase, 3M, Coca-Cola, Apple, American Express, Chevron, Intel, Proctor & Gamble, Walmart e outras.

Uma das críticas ao Dow 30 está relacionada ao número de empresas, que é muito pequeno para mensurar a saúde da economia em comparação com o S&P 500, além de desconsiderar empresas pequenas.

5

Risco e retorno no mercado de capitais

Os investimentos no mercado de capitais estão sujeitos a riscos, assim como todas as nossas escolhas. Este texto procura conhecer os principais conceitos de risco e retorno e os fundamentos de gestão de ativos com base em risco e retorno. Além disso, estudaremos os benefícios da diversificação da carteira e os fatores determinantes para amenizar as perdas provocadas pelo mercado e as oscilações internas que ocorrem nas empresas e acarretam variação no preço dos ativos.

DEFINIÇÃO DE RISCO E RETORNO

Risco e retorno são expressões muito comuns em finanças, principalmente quando mencionadas juntas. Para entender o significado da relação entre elas, iremos analisá-las separadamente. Em finanças, o **risco** se fundamenta na possibilidade de insucesso de um determinado evento, ou seja, está relacionado com a incerteza de se obter o resultado esperado. Por conta disso, há classificações diferentes para o risco a ser tomado, uma vez que o risco escolhido está relacionado com as características de cada investidor.

O investidor disposto a investir em eventos mais arriscados, por exemplo, investir em ações de alta volatilidade sem requerer prêmio pelo risco adicional, é denominado um *risk lover*, ou seja, um investidor propenso ao risco. Os investidores que preferem não assumir tanto risco, ou seja, escolhem opções com menores probabilidades de insucesso, são conhecidos como investidores avessos ao risco. Entre esses extremos há o investidor neutro ao risco, que se preocupa apenas com o retorno. A maioria dos investidores são denominados avessos ao risco, ou seja, irão exigir um prêmio pelo risco assumido.

Os **retornos** são ganhos ou perdas do investidor resultantes de seu investimento. Esses retornos estão relacionados com o risco tomado e com o montante de dinheiro investido, além de variáveis exógenas como variáveis macroeconômicas.

A RELAÇÃO ENTRE RISCO E RETORNO

Podemos dizer que é muito difícil separar as definições de risco e retorno. Quando o investidor analisa o risco a ser tomado, ele está considerando o retorno esperado, e essa relação entre risco e retorno é um dos principais confli-tos (*trade-off*) do investidor.

Isso ocorre porque, de forma geral, quanto maior a probabilidade de o in-vestimento resultar em insucesso, ou seja, quanto maior o risco tomado pelo investidor, maior será a probabilidade de altos retornos e de altas perdas. Des-sa forma, um investidor avesso ao risco exige um prêmio maior para um mes-mo risco quando comparado a um investidor *risk lover*.

CÁLCULO DO RETORNO

O cálculo do retorno de um investimento consiste na relação simples entre o ganho obtido e o valor investido. No mercado de capitais, os ganhos podem ser obtidos principalmente com a diferença entre o preço de compra e o preço de venda, ou seja, com a valorização dos títulos. Além disso, os ganhos podem ser realizados pelos investidores com o recebimento de proventos, como juros sobre capital próprio e dividendos, além dos juros pagos sobre as debêntures, por exemplo.

A apuração do retorno pode ser feita de diversas formas, como valor abso-luto, em valores percentuais a cada período (dia, mês, ano etc.) ou em percen-tuais acumulados no período. A seguir descreveremos cada uma das formas de cálculo do retorno.

Retorno absoluto

O retorno absoluto consiste na apuração do valor total do ganho obtido no pe-ríodo, calculado por meio da diferença entre o valor inicial e o valor final do título, multiplicada pela quantidade de títulos negociados, conforme equação a seguir.

Retorno absoluto = (Preço final – Preço inicial) × Quantidade de títulos

Suponhamos que um investidor tenha adquirido 1.000 ações de uma em-presa ao preço de R$ 20,00, e que tenha vendido essas ações ao preço de R$ 25,00.

Nesse caso, o retorno absoluto será:

Retorno absoluto = (25 - 20) × 1000 = 5.000

Evidentemente, o retorno absoluto pode ser calculado por ação, que nesse caso resultaria em um ganho de R$ 5,00 por ação, ou pelo valor total, de R$ 5.000. Além disso, o retorno absoluto pode ser calculado ainda que o investimento não tenha sido liquidado, ou seja, mesmo que o investidor não tenha vendido os títulos.

O retorno absoluto proporciona uma visão clara do ganho ou perda obtida em um investimento. Porém, apresenta como limitação a dificuldade em realizar a comparação com outros investimentos ou indicadores de mercado, como inflação, taxa de juros etc.

Retorno percentual

O retorno percentual, ou rentabilidade, representa o ganho ou perda em termos relativos, ou seja, apura o resultado em relação ao investimento inicial. Sua principal vantagem é permitir a comparação com outros investimentos, com taxas de juros, inflação e outros indicadores.

Seu resultado é obtido a partir da razão entre o retorno absoluto e o investimento realizado inicialmente, conforme equação a seguir.

$$\text{Retorno percentual} = \frac{\text{Retorno absoluto}}{\text{Preço inicial} \times \text{Quantidade de títulos}}$$

Esse retorno pode também ser calculado a partir do preço unitário dos títulos, conforme equação a seguir.

$$\text{Retorno percentual} = \frac{\text{Preço final} - \text{Preço inicial}}{\text{Preço inicial}}$$

Considerando o exemplo dado anteriormente, o retorno percentual pode ser calculado em relação ao valor total ou ao valor unitário das ações, ou seja:

$$\text{Retorno percentual} = \frac{5000}{20 \times 1000} = 25\%$$

Ou

$$\text{Retorno percentual} = \frac{25 - 20}{20} = 25\%$$

O retorno percentual deve considerar o período de apuração do investimento, ainda que esse não tenha sido finalizado. Por exemplo, se no exemplo anterior, o investidor adquiriu as ações há dois anos ao preço de R$ 20,00 e vendeu a R$ 25,00, o retorno percentual de 25% representa a rentabilidade no período total de investimento.

Suponha que as ações estivessem cotadas a R$ 22,00 ao final do primeiro ano de investimento. Nesse caso, o retorno percentual nesse primeiro ano foi de:

$$\text{Retorno percentual} = \frac{22 - 20}{20} = 10\%$$

Retornos acumulados

A rentabilidade ou o retorno percentual de títulos e valores mobiliários oscila a cada período, conforme as condições econômicas, expectativas e resultados das empresas emissoras. Para apurar o retorno total em um prazo de investimento a partir dos retornos percentuais de períodos sucessivos, utiliza-se o conceito de retorno acumulado.

No exemplo anterior, apuramos o retorno percentual no primeiro período, encontrando o valor de 10%. Para apurar o retorno percentual no segundo período, devemos considerar como preço inicial o valor de R$ 22,00, uma vez que esse foi o preço ao final do primeiro período. Assim, o retorno percentual no segundo período deve ser apurado da seguinte forma:

$$\text{Retorno percentual} = \frac{25 - 22}{22} = 13{,}64\%$$

Note agora que o retorno total no período, que foi de 25% não pode ser obtido pela simples soma dos retornos em cada período, ou seja:

$$0{,}10 + 0{,}1364 \neq 0{,}25$$

Isso ocorre, pois os retornos em cada período afetam o preço inicial do período seguinte. Por esse motivo, o retorno acumulado para "n" períodos, onde "n" é a quantidade de períodos consecutivos de retorno, deve ser calculado conforme a equação a seguir:

$$\text{Retorno acumulado} = (+ \text{Retorno}_1) \times (1 + \text{Retorno}_2) \times \ldots \times (+ \text{Retorno}_n) - 1$$

No exemplo anterior, o retorno acumulado nos dois períodos de investimento é calculado da seguinte forma:

$$\text{Retorno}_1 = 10\% = 0{,}10$$
$$\text{Retorno}_2 = 13{,}64\% = 0{,}1364$$
$$\text{Retorno acumulado} = (1 + 0{,}10) \times (1 + 0{,}1364) - 1 = 0{,}25 = 25\%$$

Retornos com base de dados históricos

Quando apuramos o retorno histórico de um investimento ao longo do tempo, identificamos o seu desempenho, e com isso podemos comparar com outros indicadores de mercado, como Ibovespa B3, inflação, taxas de juros e outros.

Como os preços dos títulos oscilam diariamente, é possível obter o retorno diário do investimento. Isso permitirá uma apuração melhor da intensidade da oscilação dos preços e consequentemente dará elementos para avaliar as relações entre o retorno e o risco do investimento.

Considerando as características dos títulos e valores mobiliários, como a forma de remuneração, a exposição da empresa emissora aos eventos econômicos e outras características que possam afetar a oferta e demanda, e consequentemente os seus preços, o retorno histórico pode indicar a tendência de comportamento dos retornos no futuro.

Isso significa que um título que obteve no passado um retorno diário ou mensal mais elevado poderá continuar a apresentar essa tendência, desde que os motivos que o levaram a apresentar tal retorno se mantenham.

Analisando, portanto, o retorno histórico de um título, podemos obter seu retorno esperado, que do ponto de vista estatístico representa a estimativa de retorno para o título no futuro.

A medida utilizada para determinar o retorno esperado, ou a estimativa de retorno, é a média dos retornos históricos. A média, de fato, é uma medida de posição utilizada com frequência em nossa cultura, e pode ser facilmente calculada e interpretada.

Dessa forma, a média dos retornos, que representa o retorno esperado para um título, desde que as condições permaneçam as mesmas, é dada pela equação a seguir, onde "n" é a quantidade de períodos em que o retorno foi medido e é o retorno observado em cada período:

$$\text{Retorno médio} = \frac{r_1 + r_2 + r_3 + \dots + r_n}{n}$$

A equação de retorno médio também pode ser representada utilizando a função de somatória:

$$\text{Retorno médio} = \frac{\sum_{j=1}^{n} r_j}{n}$$

CÁLCULO DO RISCO

O risco de um investimento, entendido como o quanto os retornos diferem da média, é calculado por meio de uma medida de dispersão. A justificativa da necessidade de uma medida de dispersão está no fato da média não refletir o quanto os resultados são discrepantes. Um exemplo pode ser visualizado na Tabela 1. Note que o Ativo A apresenta média de retornos diários semelhante ao Ativo B. Contudo, evidentemente o Ativo A possui maior dispersão dos retornos, apresentando, portanto, maior risco.

TABELA 1 Retornos diários de dois ativos e média dos retornos

Dia	Ativo A	Ativo B
1	4,10%	1,30%
2	-0,50%	1,20%
3	-2,90%	1,60%
4	3,00%	1,30%
5	6,40%	1,70%
6	-3,20%	1,20%
7	1,80%	1,50%
8	4,00%	1,10%
9	-2,70%	1,80%
10	4,30%	1,60%
Média	1,43%	1,43%

Para calcular a média em planilhas eletrônicas, utiliza-se a função MÉDIA (ou se o sistema estiver em inglês, a função AVERAGE). Em seguida, no espaço entre parênteses seleciona-se o intervalo de células que contém os retornos de cada um dos ativos.

Exemplo: MÉDIA(R1:R30), onde R1 a R30 representa o intervalo de retornos.

A medida utilizada para apurar a dispersão dos retornos em relação à média é o desvio padrão. Essa métrica, também amplamente adotada em Estatística, é calculada por meio da raiz quadrada da somatória dos quadrados das diferenças de cada um dos retornos em relação à média dividida pela quantidade de observações. Assim, quanto maiores as diferenças entre os retornos em relação à média, maior será o desvio padrão dos retornos.

A fórmula a seguir representa o cálculo do desvio padrão dos retornos de um ativo ao longo de um período de análise.

MERCADO DE CAPITAIS E BOLSA DE VALORES

$$\text{Desvio padrão} = \sigma_i = \sqrt{\sum_{j=1}^{m} \frac{\left(r_{ij} - \overline{r}_i\right)^2}{m}}$$

Onde:

σ_i = desvio padrão do ativo i

r_{ij} = retorno do ativo i no período j

$\overline{r}_i$ = retorno médio do ativo i

m = quantidade de períodos em que o retorno foi apurado

Calculando o desvio padrão dos retornos dos dois ativos apresentados como exemplo, temos o seguinte:

TABELA 2   média e desvio padrão dos retornos de dois ativos

Dia	Ativo A	Ativo B
1	4,10%	1,30%
2	-0,50%	1,20%
3	-2,90%	1,60%
4	3,00%	1,30%
5	6,40%	1,70%
6	-3,20%	1,20%
7	1,80%	1,50%
8	4,00%	1,10%
9	-2,70%	1,80%
10	4,30%	1,60%
Média	1,43%	1,43%
Desvio padrão	3,50%	0,24%

Observando os resultados notamos que, de fato, o desvio padrão do Ativo A é superior ao desvio padrão do Ativo B, mostrando que a dispersão dos retornos é maior. A interpretação é que o risco do Ativo A é superior ao risco do Ativo B.

Para calcular o desvio padrão em planilhas eletrônicas, utiliza-se a função DESVPAD (ou se o sistema estiver em inglês, a função STDEV). Em seguida, no espaço entre parênteses seleciona-se o intervalo de células que contém os retornos de cada um dos ativos.

Exemplo: DESVPAD(R1:R30), onde R1 a R30 representa o intervalo de retornos.

CARTEIRAS DE INVESTIMENTO E RISCOS

Embora os riscos sejam um aspecto inerente ao mercado de capitais, as oscilações nos preços dos ativos podem ter causas associadas a eventos econômicos globais ou nacionais, configurando o que se denomina de Riscos Sistemáticos, ou essas causas podem estar associadas a eventos ocorridos com a empresa ou com o setor em que atua, configurando o que se denomina de Riscos não Sistemáticos.

Por exemplo, uma recessão afeta a economia como um todo, caracterizando um evento associado ao Risco Sistemático. Nesse caso, todas as empresas e instituições da economia serão afetadas de alguma forma.

Já um resultado desfavorável de uma empresa é um caso típico de evento associado ao Risco não Sistemático, pois afeta principalmente essa empresa e eventualmente outras empresas de seu relacionamento, como clientes e fornecedores.

Diversificação e correlação entre os retornos

Devido a esse fato, uma estratégia de investimento para se proteger dos riscos não sistemáticos é a diversificação, que consiste na alocação dos recursos em diferentes empresas e setores, de forma a reduzir o efeito desses riscos.

Para diversificar seus investimentos, um investidor investe os recursos adquirindo ações e outros títulos de diferentes empresas, fazendo com que os eventuais retornos desfavoráveis de uma ação possam ser compensados com retornos melhores nas outras.

A eficácia dessa estratégia está condicionada à relação existente entre os retornos dos ativos e à exposição das empresas aos mesmos fatores de risco. Na prática, essa relação é medida por meio da correlação entre os retornos dos diferentes ativos. Uma correlação alta significa que os retornos dos ativos estão associados, e nesse caso a diversificação não será eficaz, pois é provável que a desvalorização de um ativo leve a efeito semelhante nos demais.

Por outro lado, uma correlação baixa significa que os retornos dos ativos não estão fortemente associados, e nesse caso a diversificação será mais eficaz.

Por fim, uma correlação negativa significa que quando um ativo tiver retorno positivo, o outro ativo provavelmente apresentará retorno negativo e vice-versa. Nesse caso, a diversificação poderá ser ainda mais eficaz no sentido de reduzir o risco. Porém, é necessário avaliar se não anulará o retorno dos outros ativos.

A correlação apresenta um intervalo entre -1 e +1. O Quadro 1 apresenta um resumo dos diferentes padrões de correlação e os efeitos na diversificação.

102 MERCADO DE CAPITAIS E BOLSA DE VALORES

QUADRO 1   Tipos de correlação e a diversificação de investimentos

Tipo de correlação	Significado	Exemplo	Eficácia da diversificação
Alta (próxima de 1)	O retorno de um ativo está fortemente associado ao retorno do outro	Ações de dois bancos comerciais	Baixa ou nula
Baixa (próxima de 0)	O retorno de um ativo está pouco associado ou não é afetado pelo retorno do outro	Uma empresa do agronegócio e uma montadora de veículos	Alta
Negativa (menor que 0)	O retorno de um ativo está inversamente relacionado com o retorno do outro	Uma empresa exportadora e uma companhia aérea	Alta para reduzir o risco

A correlação é calculada pela relação entre a covariância dos retornos dos ativos e o produto dos desvios padrão dos retornos dos ativos, conforme equação a seguir.

$$\text{Corr}(R_a, R_b) = \rho_{ab} = \frac{\text{Cov}(a, b)}{\sigma_a \times \sigma_b}$$

Para calcular a correlação em planilhas eletrônicas, utiliza-se a função CORREL, tanto no sistema em português quanto em inglês. Em seguida, no espaço entre parênteses seleciona-se o intervalo de células que contém os retornos da primeira série de ativos, ponto e vírgula e o segundo intervalo de retornos da segunda série de ativos.

Exemplo: CORREL(R1:R30;S1:S30), onde R1 a R30 representa o intervalo de retornos de um dos ativos e S1 a S30 representa o intervalo de retornos do segundo ativo.

Por sua vez, a covariância é calculada pela somatória dos produtos das diferenças entre os retornos dos ativos em relação à média, conforme equação a seguir.

$$\text{Corr}(a, b) = \sigma_{ab} = \frac{\sum_{i=1}^{n}(r_{ai} - \overline{r_a})(r_{bi} - \overline{r_b})}{n}$$

Para calcular a covariância em planilhas eletrônicas, utiliza-se a função COVAR ou COVARIAÇÃO (ou se o sistema estiver em inglês, a função CO-

VARIANCE). Em seguida, no espaço entre parênteses seleciona-se o intervalo de células que contém os retornos da primeira série de ativos, ponto e vírgula e o segundo intervalo de retornos da segunda série de ativos.

Exemplo: COVAR(R1:R30;S1:S30), onde R1 a R30 representa o intervalo de retornos de um dos ativos e S1 a S30 representa o intervalo de retornos do segundo ativo.

Risco e retorno de uma carteira de investimentos

Para avaliar o desempenho de uma carteira de investimentos é necessário apurar o seu retorno e o risco. O retorno de uma carteira é calculado simplesmente pela média ponderada dos retornos médios dos ativos que a compõem. A ponderação é feita pela proporção que cada ativo representa na carteira. A equação a seguir apresenta o retorno estimado de uma carteira com dois ativos "a" e "b".

$$\text{Retorno da carteira} = R_c = w_a \times r_a + w_b \times r_b$$

Para uma carteira com "n" ativos diferentes, bastará ampliar a fórmula, considerando o retorno de cada ativo i (r_i) e sua proporção na carteira W_i.

$$\text{Retorno da carteira} = R_c = \sum w_i \times r_i$$

Já o risco da carteira, além de considerar o risco individual de cada ativo, leva em consideração também a correlação entre os ativos. Quando a correlação é alta, a diversificação tem pouco efeito e o desvio padrão da carteira tende a se aproximar da média ponderada dos desvios padrão dos retornos dos ativos. Porém, quando a correlação é baixa ou negativa, o efeito da diversificação reduz esse resultado. Por isso, para uma carteira de dois ativos, o desvio padrão da carteira é estimado pela equação a seguir.

$$\text{Desvio padrão carteira} = \sigma_c = \sqrt{w_a^2 \times \sigma_a^2 + w_b^2 \times \sigma_b^2 + 2 \times (w_a \times w_b \times \sigma_a \times \sigma_b \times \rho_{ab})}$$

Para uma carteira com "n" ativos, a fórmula se torna mais complexa, já que deve ser considerada a correlação do retorno de cada ativo com cada um dos demais componentes da carteira, sempre em combinações dois a dois.

$$\textit{Desvio padrão da carteira} = \sigma_c = \sqrt{\sum_{i=1}^{n} \sum_{j=1}^{n} w_i w_j \sigma_i \sigma_i \rho_{ij}}$$

A operacionalização dessa fórmula é relativamente complexa, e como a correlação é obtida pela razão entre a covariância dos retornos dos ativos e o produto do desvio padrão desses, conforme equação a seguir.

$$\text{Corr}\left(R_a, R_b\right) = \rho_{ab} = \frac{\sigma_{ab}}{\sigma_a \times \sigma_b}$$

Logo:

$$\rho_{ab} \times \sigma_a \times \sigma_b = \sigma_{ab}$$

Podemos então substituir a expressão $\rho_{ab} \times \sigma_a \times \sigma_b$ que está contida no cálculo do desvio padrão da carteira por σ_{ab}, ou seja, pela covariância dos ativos da carteira.

Dessa forma, a equação do risco da carteira pode ser representada por uma equação formada pelas matrizes de proporção de cada um dos ativos (w_i) e de covariâncias entre cada um dos ativos (σ_{ij}), conforme equação a seguir.

$$\text{Desvio padrão carteira} = \sigma_c = \sqrt{\left[w_1 w_2 ... w_n\right] \times \begin{vmatrix} \sigma_{11} & \sigma_{12} & \sigma_{13} \\ \sigma_{21} & \sigma_{22} & \sigma_{23} \\ \sigma_{31} & \sigma_{32} & \sigma_{33} \end{vmatrix} \times \left[w_1 w_2 ... w_n\right]}$$

Desempenho de uma carteira de investimentos

Para avaliar o desempenho de uma carteira de investimentos, é necessário ponderar o risco e o retorno da carteira. A medida mais simples é o chamado coeficiente de variação, que mede o desvio padrão em relação ao retorno médio percentual da carteira, conforme equação a seguir.

$$\text{Coeficiente de variação} = cv = \frac{\sigma_c}{r_c}$$

Onde:
σ_c: é o desvio padrão da carteira
r_c: é o retorno médio percentual da carteira

Quanto menor for o coeficiente de variação, melhor será o desempenho da carteira, pois ela terá menor risco por unidade de retorno.

No entanto, esse indicador tem interpretação pontual, levando em consideração apenas a relação entre essas duas variáveis. Por isso, é mais comum a utilização de um indicador mais completo, chamado de Índice de Sharpe, desenvolvido por Willian Sharpe, conforme equação a seguir.

$$Is = \frac{r_c - r_f}{\sigma_c}$$

Esse indicador mostra quanto o retorno da carteira (r_c) superou o ativo livre de risco (r_f) para cada unidade de risco (σ_c). Quanto maior esse índice, melhor o desempenho do ativo em relação ao risco, e um índice de Sharpe superior a 1 é considerado excelente. Um ativo ou carteira com índice em torno de 0,5 tem um desempenho bom, e um índice igual a 0 não tem resultado acima do ativo livre de risco.

6

Mercado de Derivativos

Os derivativos são produtos financeiros cujo valor depende do valor de outro ativo, chamado de ativo-objeto. No mercado de capitais, os derivativos são negociados pelos investidores com algumas finalidades:

- Proteção contra riscos: adquirindo derivativos, empresas e investidores podem fazer *hedge*, ou seja, se proteger da variação dos preços de alguns ativos, como moeda estrangeira, taxas de juros e preço das ações.
- Especulação: os derivativos permitem que os investidores obtenham lucro com a oscilação dos preços dos ativos objeto sem que precisem necessariamente comprar ou vender esses ativos. Basta que adquiram os derivativos.
- Alavancagem: investindo em derivativos, o valor alocado na transação é inferior àquele aplicado na aquisição dos ativos-objeto. Assim, é possível obter lucro com menor investimento, elevando a rentabilidade.
- Arbitragem: os derivativos permitem que o investidor se aproveite das distorções de preços dos ativos objeto em diferentes mercados. Comprando em um mercado e vendendo em outro, o arbitrador, investidor que realiza operações de arbitragem, pode obter lucro nas operações.

As transações com derivativos podem ser realizadas nos mercados a termo, futuros, opções e swaps principalmente.

As operações no Mercado a Termo já foram descritas anteriormente. Para as demais transações com derivativos, descreveremos as características a seguir.

MERCADO FUTURO

Os contratos futuros representam um compromisso de compra ou venda do ativo-objeto em uma data futura, com preço e prazo definidos previamente.

Os contratos futuros têm como principal característica a padronização, o que permite sua negociação em bolsa. Os preços dos contratos futuros oscilam em função da negociação em bolsa, e em uma data específica, um determinado contrato futuro de um mesmo ativo objeto para uma mesma data deverá ter uma única cotação.

A oscilação de preços dos contratos ocorre em função da negociação de seu ativo subjacente em bolsa, conforme o *tick*, que representa a menor variação de preço de um contrato. O contrato de dólar futuro, por exemplo, tem *tick* de 0,50, enquanto o contrato de Ibovespa B3 futuro tem *tick* de 5 pontos.

Principais ativos-objeto

Os ativos-objeto dos contratos futuros podem ser de diversos tipos:

- Moedas: Dólar, Euro.
- Índices de ações: Ibovespa B3, S&P500.
- *Commodities*: Milho, Café, Soja, Boi gordo.
- Taxas de juros: DI Futuro.

Um exemplo de contrato futuro de moeda é o contrato de dólar futuro. Suponha que um investidor adquira um contrato de compra de 50 mil dólares com vencimento em 15 de agosto. Nesse caso, o investidor prevê a alta da moeda estrangeira e se beneficia com esse evento. Por outro lado, para que o investidor compre o contrato, é necessário que outro investidor venda o mesmo contrato, prevendo a queda da moeda estrangeira.

Considerando o aspecto da padronização comentado anteriormente, esse contrato de 50 mil dólares para vencimento em 15 de agosto deverá ter um preço que oscila conforme a oferta e demanda.

Liquidação e encerramento dos contratos futuros

A liquidação dos contratos futuros pode ser física ou apenas financeira. Na liquidação física, o comprador efetivamente desembolsa o valor total do contrato, pagando ao vendedor e recebendo o ativo objeto. Na liquidação financeira, o comprador e o vendedor têm seu resultado determinado pela diferença entre o valor da cotação atual e a cotação na data de aquisição.

A liquidação física ocorre apenas para alguns contratos futuros de mercadorias, por exemplo, contrato futuro de café.

O encerramento de uma posição em contratos futuros, seja na compra ou na venda, pode se dar pelo vencimento do contrato ou pela operação inversa (vender no caso de uma posição comprada, e comprar no caso de uma posição vendida).

No caso de contratos apenas com liquidação financeira, o encerramento se dá da mesma forma pelas duas opções. Já nos contratos com liquidação física, caso permaneça com o contrato até o vencimento, o investidor deverá cumprir o contrato, entregando o produto ou adquirindo o mesmo item.

Obrigações e garantias

Nos contratos futuros, tanto compradores quanto vendedores têm a obrigação de cumprir o contrato. Para isso, ambos necessitam depositar garantias junto às corretoras, seja em dinheiro, títulos públicos, ações e outros ativos. Essas garantias são utilizadas para assegurar que os investidores cumprirão os contratos no futuro, seja pela liquidação física ou financeira.

No caso da liquidação física, o comprador deverá efetuar o pagamento do total do contrato em seu vencimento. Caso não possua o valor disponível em sua conta, a corretora venderá os ativos dados como garantia para liquidar a operação.

No caso da liquidação financeira, comprador e vendedor obterão ganho ou perda conforme a oscilação de preço. O ganho apurado é depositado na conta do investidor que obteve esse resultado, enquanto a perda é deduzida do valor da conta. Caso não possua saldo, as garantias também serão vendidas para cumprimento da obrigação.

O valor das garantias e ativos aceitos para assegurar as operações varia conforme as corretoras, mas em geral representa uma fração do valor total do contrato. Por exemplo, suponha que um contrato futuro de dólar tenha tamanho de R$ 250.000 e que a garantia requerida seja de 2%. Nesse caso, o investidor deverá manter em sua conta o valor de R$ 5.000 (R$ 250.000 x 0,02) e não poderá movimentar esse valor até o encerramento da posição ou vencimento do contrato. Caso o valor tenha sido depositado em forma de outros ativos, pode ser que o valor mínimo requerido seja superior, considerando um fator de deságio.

Código de negociação

Os contratos futuros possuem código de negociação incluindo o ativo objeto, mês de vencimento do contrato e ano de vencimento do contrato, conforme sequência abaixo.

ABC M AA

Onde:

ABC: código do ativo objeto. Ex.: DOL (contrato de dólar).

M: mês de vencimento do contrato, conforme o Quadro 1.

AA: ano de vencimento do contrato.

Exemplo: DOLX22 – Contrato de dólar com vencimento em novembro de 2022.

QUADRO 1 Códigos e vencimentos de contratos futuros

Código	MÊS DE VENCIMENTO
F	JAN
G	FEV
H	MAR
J	ABR
K	MAI
M	JUN
N	JUL
Q	AGO
U	SET
V	OUT
X	NOV
Z	DEZ

Ajuste e liquidação financeira

A maior parte dos contratos futuros negociados na B3 tem seu encerramento dado pela liquidação financeira, ou seja, pela diferença entre a cotação no ato da aquisição e a cotação no vencimento ou encerramento da posição.

Para mitigar o risco de não cumprimento do contrato futuro, gerado por essa diferença, os contratos têm esse resultado apurado e lançado na conta do investidor a cada dia. Assim, as perdas e os ganhos são calculados e o fluxo financeiro ocorre na conta do investidor, de forma que ao final do contrato, todas as diferenças já tenham sido lançadas.

O cálculo do ajuste diário obedece à equação a seguir:

$$Aj = \left(C_t - C_0\right) \times Tamanho \times n$$

Onde:
Aj: valor do ajuste diário.
C_t: cotação do contrato no tempo "t".
C_0: cotação do contrato na data da abertura da posição.
Tamanho: tamanho do contrato.
n: número de contratos.

A título de exemplo, suponha que um investidor tenha se posicionado comprado em um contrato futuro de dólar na cotação de 5.316 pontos. É importante destacar aqui que esse contrato é de 1000 pontos por R$ 1,00. Assim, 5.316 pontos equivalem a R$ 5.316 por US$ 1,00.

Suponha que em uma data seguinte, a cotação desse contrato passou a ser 5.338 pontos. Assim, C_t = 5.338 e C_0 = 5.316.

Considerando ainda que o contrato de dólar tem um tamanho de R$ 50 por ponto, o Tamanho será igual a 50.

Com isso, o valor do ajuste diário será:

$$Aj = (5.338 - 5.316) \times 50 \times 1 = 1.100$$

Assim, o investidor terá uma entrada em sua conta corrente na corretora no valor de R$ 1.100 no dia.

Considere que no dia seguinte a cotação foi para 5.307 pontos. Nesse caso, o ajuste será:

$$Aj = (5.307 - 5.338) \times 50 \times 1 = -1.550$$

Com isso, o investidor terá uma saída em sua conta corrente na corretora no valor de R$ 1.550 no dia.

Minicontratos

Além dos contratos normalmente negociados na B3, atualmente são negociados os minicontratos de dólar e de Ibovespa B3. Esses contratos têm como característica o menor tamanho, e consequentemente uma menor necessidade de garantias, com o objetivo de aumentar o acesso dos pequenos investidores.

Foram criados a partir de 2001, justamente com o objetivo de aumentar o acesso a esses produtos, que podem ser usados tanto para proteção quanto para especulação e arbitragem.

Atualmente são disponíveis para negociação na B3 os minicontratos futuros de Índice Bovespa, Dólar Americano, S&P500 e Euro. Os principais minicontratos negociados são de Dólar Americano e Ibovespa B3.

O minicontrato de dólar tem tamanho de USD 10.000, o que significa que se o investidor adquire esse contrato, se compromete a adquirir o referido valor em moeda americana ao preço negociado no ato da compra. Por outro lado, se o investidor vende um contrato, se compromete a vender o valor em moeda americana ao preço negociado no ato da venda. Entretanto, esse contrato não tem liquidação física, o que significa que o investidor receberá ou pagará apenas a diferença entre a cotação no ato da negociação até o encerramento da posição.

Assim como nos contratos futuros regulares, os ajustes são realizados diariamente na conta do investidor na corretora.

O Quadro 2 apresenta a comparação entre o contrato de dólar padrão e o minicontrato de dólar.

QUADRO 2 Contratos futuros de dólar

	Futuro de dólar padrão	Minicontrato de dólar
Código	DOL	WDO
Tamanho	USD 50.000	USD 10.000
Lote padrão	5 contratos	1 contrato
Fator de ajuste por *tick*	R$ 50,00	R$ 10,00
Base	USD 1.000	USD 1.000
Vencimento	Primeiro dia útil do mês	Primeiro dia útil do mês

O minicontrato de índice Bovespa tem tamanho de R$ 0,20 por ponto do Ibovespa B3. Por exemplo, suponha que em dado momento o índice esteja em 100.000 pontos. Nesse caso, o tamanho do minicontrato será de R$ 20.000. Com isso, se o investidor comprar um minicontrato de Ibovespa B3, terá um valor total de transação de R$ 20.000. No entanto, diferente do contrato futuro de dólar, no caso do Ibovespa não existe um ativo específico a ser adquirido ou vendido. Por isso, a liquidação desse contrato é sempre feita de forma financeira, ou seja, pela diferença entre a cotação no ato da compra e a cotação no ato do encerramento da posição.

O Quadro 3 apresenta a comparação entre o contrato futuro de Ibovespa B3 padrão e o minicontrato de índice.

QUADRO 3 Contratos futuros de Ibovespa B3

	Futuro de dólar padrão	Minicontrato de dólar
Código	IND	WIN
Tamanho por ponto	R$ 1,00	R$ 0,20
Lote padrão	5 contratos	1 contrato
Fator de ajuste por *tick*	R$ 1,00	R$ 0,20
Base	Pontos do Ibovespa B3	Pontos do Ibovespa B3
Vencimento	Quarta-feira mais próxima do dia 15 nos meses pares	Quarta-feira mais próxima do dia 15 nos meses pares

MERCADO DE OPÇÕES

O mercado de opções compreende as operações de negociação de direitos de compra ou venda de ações por um preço preestabelecido, para uma determinada data.

112 MERCADO DE CAPITAIS E BOLSA DE VALORES

O comprador de uma opção é chamado de "titular e o vendedor é chamado "lançador". Uma diferença importante em relação ao mercado futuro é que ao adquirir uma opção, o titular tem o direito, mas não a obrigação de realizar a transação de compra ou venda. Enquanto isso, o lançador tem a obrigação de realizara a transação, caso o titular assim deseje.

Para compreender as transações com opções, é necessário descrever algumas terminologias utilizadas para a negociação desses derivativos.

- Exercício – operação em que o titular da opção exerce seu direito de compra ou venda.
- Preço de exercício (*strike*) – preço pelo qual o titular terá o direito de exercer e o lançador terá a obrigação de cumprir.
- Data do vencimento – último dia de exercícios das opções.
- Prêmio – é o preço da opção, negociado no pregão.
- Titular – é o comprador da opção, que paga ao lançador para ter o direito de comprar ou vender o ativo. Não tem a obrigação de exercer.
- Lançador – é o vendedor da opção, que recebe o prêmio do titular e tem a obrigação de comprar ou vender o ativo. Deve manter um ativo ou dinheiro como garantia da operação.
- Série – são opções do mesmo tipo (opção de compra ou opção de venda) lançadas sobre a mesma ação, mesma data de vencimento e o mesmo preço de exercício.

As opções se dividem em dois tipos: opções de compra, conhecidas como *call* e opções de venda, conhecidas como *put*. A seguir descrevemos cada uma delas.

Opção de compra (*call*)

Uma opção de compra assegura ao titular o direito de comprar em data prefixada (vencimento), uma quantidade estabelecida, de determinada ação ou outro ativo ao preço previamente estipulado (preço de exercício). O lançador tem a obrigação de vender o ativo ao preço estabelecido, caso o titular deseje exercer o direito.

O titular compra uma *call* quando espera que o preço do ativo objeto vá subir, buscando aproveitar o ganho com a valorização. Assim, a cotação da *call* tem relação direta com o preço da ação.

O Gráfico 1 mostra um exemplo de operação realizada por um titular que adquire uma *call*. Suponha que o prêmio pago pela opção tenha sido R$ 1,00 e que o preço de exercício seja de R$ 20,00. O eixo horizontal contém os possíveis preços da opção e o eixo vertical mostra os resultados obtidos pelo titular.

CAPÍTULO 6 • MERCADO DE DERIVATIVOS   113

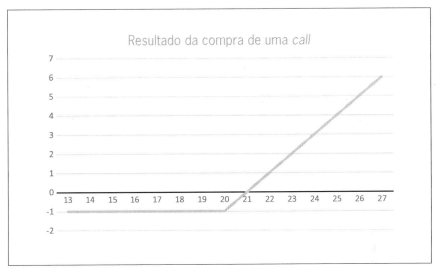

GRÁFICO 1   Gráfico de resultado do titular da *call*.

Observe que caso a ação apresente preço inferior a R$ 20,00 o resultado será negativo em R$ 1,00, correspondendo ao custo de aquisição da opção (prêmio). Isso ocorre, pois o titular não exercerá o direito de comprar a ação, já que seu preço será inferior ao preço de exercício. O investidor não exerceria o direito de comprar a R$ 20,00 uma ação que possa ser adquirida no mercado a R$ 18,00 por exemplo.

Caso a ação apresente preços a partir de R$ 20,00, o resultado obtido será igual à diferença entre o preço da ação e o preço de exercício, subtraído o valor do prêmio. Por exemplo, se a ação atingir o preço de R$ 27,00, o ganho obtido, sem considerar as taxas cobradas pela corretora e pela bolsa, será igual a 27,00 − 20,00 − 1,00 = 6,00.

Assim, podemos dizer que, quando o preço de mercado da ação for superior ao preço de exercício (*strike*), o resultado obtido pelo titular é dado pela equação a seguir.

Resultado bruto = Preço de mercado − *Strike* − Prêmio

Observando agora os possíveis resultados do lançador da *call*, verificamos que esse obterá ganho equivalente ao prêmio da opção caso o preço fique abaixo de R$ 20,00, uma vez que o titular não exercerá o direito de compra.

A partir desse valor, seu resultado será uma perda equivalente à diferença entre o preço de exercício, que ele obterá com a venda ao titular, e o preço de mercado da ação, abatido do prêmio obtido pela venda da opção.

Podemos dizer então que, quando o preço de mercado da ação for superior ao preço de exercício (*strike*), o resultado obtido pelo lançador é dado pela equação a seguir.

Resultado bruto = Strike – Preço de mercado + Prêmio

O Gráfico 2 ilustra os resultados. Observe que quanto maior o preço de mercado da ação, maior será a perda do lançador da *call*.

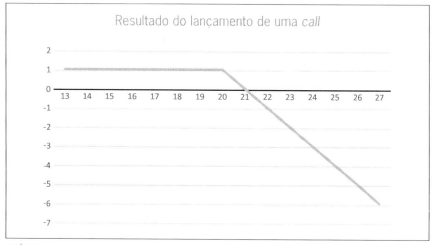

GRÁFICO 2   Gráfico do resultado do lançador da *call*.

Opção de venda (*put*)

Uma opção de venda assegura ao titular o direito de vender ao lançador (vendedor da opção) até a data prefixada (vencimento), uma determinada ação em quantidade e ao preço previamente estipulado (preço de exercício). O lançador tem a obrigação de comprar o ativo ao preço de exercício, caso o titular deseje exercer o direito.

O titular compra uma *put* quando espera que o preço da ação irá cair, buscando aproveitar o ganho com a queda. Assim, a cotação da *put* tem relação inversa com o preço do ativo objeto.

Suponha que um investidor adquira uma opção de venda de determinada ação com preço de exercício de R$ 30,00 ao prêmio de R$ 1,50. Caso o preço da ação fique abaixo de R$ 30,00, o titular desejará exercer o direito de vender a ação a esse preço. Caso contrário, não vai exercer o direito, pois poderia vender a ação no mercado ao preço superior.

O Gráfico 3 demonstra os possíveis resultados obtidos pelo titular ao comprar a referida opção de venda.

GRÁFICO 3   Gráfico de resultado do titular da *put*.

Os resultados obtidos pelo titular são inversamente proporcionais ao preço de mercado da ação. Se o preço de mercado for R$ 25,00 por exemplo, o resultado será R$ 30,00 – R$ 25,00 – R$ 1,50 = R$ 3,50.

Podemos dizer que, caso o preço de mercado fique abaixo do preço de exercício, o resultado do titular da *put* será dado pela equação a seguir.

Resultado bruto = Strike – Preço de Mercado – Prêmio

Já o lançador da *put*, uma vez que tem a obrigação de comprar a ação ao preço de exercício, terá um resultado diretamente proporcional ao preço da ação, mas terá ganhos limitados ao valor do prêmio.

Caso o preço de mercado seja inferior a R$ 30,00, ainda assim o lançador terá a obrigação de comprar a ação a esse preço. Por isso, quanto menor o preço de mercado, maior a perda obtida pelo lançador. Caso contrário, o titular não vai exercer o direito, mantendo o resultado do lançador como o valor obtido pela venda da opção (prêmio). O Gráfico 4 apresenta os possíveis resultados do lançador da *put*.

Suponha que o preço da ação esteja em R$ 26,00. Nesse caso, o titular exercerá o direito de vender a ação a R$ 30,00 e o lançador terá a obrigação de comprar a esse preço. Seu resultado então será R$ 26,00 – R$ 30,00 + R$ 1,50 = R$ 2,50.

De forma genérica, podemos dizer que o resultado obtido pelo lançador, quando o preço de mercado ficar abaixo do preço de exercício, é dado pela equação a seguir.

Resultado bruto = Preço de Mercado – Strike + Prêmio

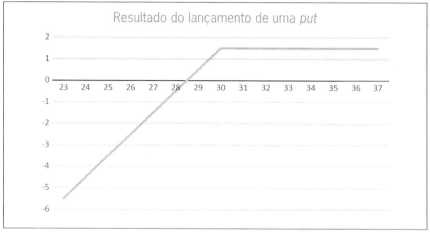

GRÁFICO 4   Gráfico de resultados do lançamento de uma *put*.

Código de negociação no mercado de opções

Assim como outros ativos e derivativos, as opções apresentam códigos para negociação. No mercado de opções, o código de uma determinada série é formado pela sequência:

- As quatro letras do código de empresa no mercado à vista.
- Uma letra de identificação associada ao tipo de opção (*call* ou *put*) e ao seu vencimento.
- Dois números, geralmente associados ao preço de exercício (*strike*).

Exemplo:
PETR F 20
PETR _ código da empresa
F – Tipo da opção (compra) e mês de vencimento (junho)
20 – Preço de exercício

O Quadro 4 apresenta os diferentes códigos para identificar os vencimentos das opções de compra (*call*) com letras de A até L e das opções de venda (*put*) com letras de M até X.

QUADRO 4   Códigos de negociação das opções

Mês de vencimento	Opção de compra	Opção de venda
Janeiro	A	M
Fevereiro	B	N
Março	C	O

(continua)

QUADRO 4 Códigos de negociação das opções (continuação)

Mês de vencimento	Opção de compra	Opção de venda
Abril	D	P
Maio	E	Q
Junho	F	R
Julho	G	S
Agosto	H	T
Setembro	I	U
Outubro	J	V
Novembro	K	W
Dezembro	L	X

Valor intrínseco e valor extrínseco de uma opção

O valor intrínseco de uma opção é a diferença entre o preço de mercado do ativo objeto e o preço de exercício (*strike*).

Para as opções de compra (*call*), o valor intrínseco (VI) é determinado pela equação a seguir.

$$VI_{call} = \text{Preço de mercado} - \text{Strike}$$

Por exemplo, suponha que determinada ação tenha preço de mercado de R$ 35,00. Uma opção de compra com *strike* de R$ 33,00 terá valor intrínseco de R$ 2,00.

Para as opções de venda (*put*), o valor intrínseco (VI) é determinado pela equação a seguir.

$$VI_{put} = \text{Strike} - \text{Preço de mercado}$$

Por exemplo, suponha que determinada ação seja negociada ao preço de mercado de R$ 35,00. Uma opção de venda com *strike* de R$ 36,50 terá valor intrínseco de R$ 1,50.

Note que o valor intrínseco demonstra o quanto uma opção valeria, caso considerássemos apenas a diferença entre os preços. Ou seja, considerando apenas as diferenças de preços, o prêmio da opção deveria ser igual ao valor intrínseco. No entanto, as oscilações de preços, a volatilidade dos ativos, as expectativas e o prazo até o vencimento da opção podem fazer com que o prêmio da opção seja maior ou menor que o valor intrínseco.

Assim, quanto mais próxima estiver a data do vencimento, mais próximo o prêmio da opção fica em relação ao valor intrínseco.

O valor extrínseco (VE), por outro lado, mede justamente a diferença entre o valor intrínseco e o prêmio da opção, refletindo, portanto, as expectativas futuras de alta ou queda no valor do ativo objeto. Seu cálculo é dado pela equação a seguir.

$$VE_{call} = Prêmio - VI$$

O valor extrínseco de uma *call* será proporcionalmente maior quando há expectativa de alta no preço da ação.

Suponha que a anteriormente descrita, negociada ao preço de R$ 35,00 e a *call* com *strike* de R$ 33. Vimos anteriormente que o valor intrínseco será de R$ 2,00. Caso essa *call* seja negociada ao prêmio de R$ 3,30, o valor extrínseco será R$ 1,30 (R$ 3,30 − R$ 2,00 = R$ 1,30).

Essa diferença existe pela expectativa de alta no preço da ação, fazendo com que o prêmio seja negociado a um valor superior ao valor intrínseco.

No caso da *put*, o valor extrínseco será maior conforme a expectativa de queda no preço. Suponha que a ação negociada a R$ 35,00 tenha uma *put* com *strike* de R$ 36,50 negociada ao prêmio de R$ 1,70. Vimos anteriormente que o valor intrínseco é R$ 1,50. Nesse caso, o valor extrínseco será R$ 0,20 (R$ 1,70 − R$ 1,50 = R$ 0,20). Esse valor reflete o risco de queda no preço das ações.

Moneyness

Essa definição se destina a relacionar o preço de exercício (*strike*) com o preço atual do ativo. O termo é amplamente utilizado no mercado pelos seus participantes e não possui uma tradução específica. No entanto, interpretando o termo *moneyness*, teríamos o posicionamento do *strike* em relação ao preço atual.

Para designar essa posição, há três situações possíveis para a opção: *in the money, at the money* e *out of the money*. A Figura 1 representa graficamente a *moneyness* de uma *call*, considerando a posição do preço de exercício em relação ao preço atual. Note que quando o preço de exercício é superior ao preço de mercado atual, a *call* está *out of the money*, pois o titular não desejará adquirir a ação a um preço superior ao atual.

Já a designação *in the money* é dada quando a opção tem preço de exercício inferior ao preço de mercado atual, pois nesse caso o titular terá interesse em adquirir a ação a um preço inferior ao atual (Figura 1).

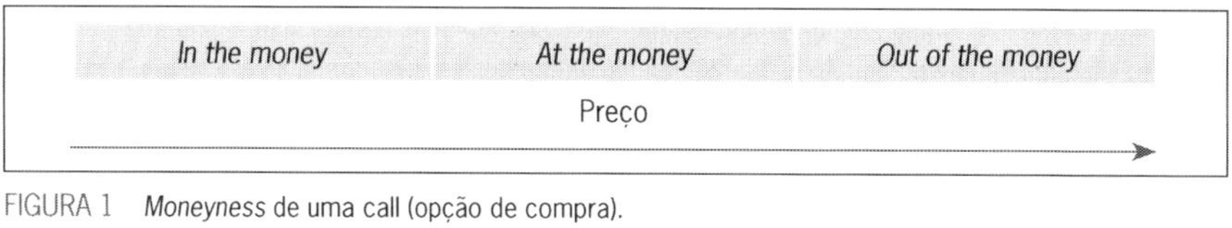

FIGURA 1 *Moneyness* de uma call (opção de compra).

A Figura 2 apresenta a *moneyness* de uma *put*. Note que quando o preço de exercício da *put* é superior ao preço de mercado atual, a opção está *in the money*, pois o direito de vender a um preço maior que o de mercado é valorizado. Enquanto isso, a opção está *out of the money* se o preço de exercício for inferior ao preço de mercado atual, pois ao titular não interessa vender a ação a um preço inferior ao atual.

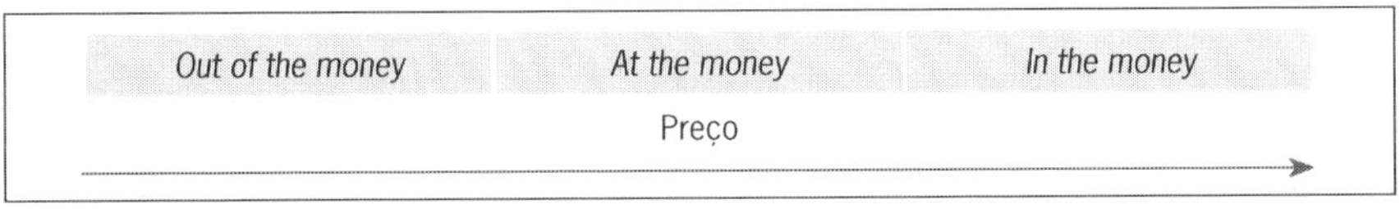

Out of the money	At the money	In the money
	Preço	

FIGURA 2   *Moneyness* de uma put (opção de venda).

A seguir são detalhadas cada uma das características da *moneyness* de uma opção.

A opção *in the money* (ITM), ou dentro do dinheiro, é a opção cujo *strike* tem valor intrínseco alto e valor extrínseco baixo. A probabilidade de exercício da opção é alta, pois nesse momento o titular obteria o ganho correspondente ao valor intrínseco.

Para uma *call*, ocorre quando o preço é superior ao *strike*.

Para uma *put*, ocorre quando o preço é inferior ao *strike*.

Por exemplo, suponha que uma ação seja negociada atualmente ao preço de R$ 15,50. Uma opção de compra com preço de exercício de R$ 13,00 daria o direito ao titular de adquirir a ação a esse preço, portanto está *in the money*. Note que nesse caso o valor intrínseco da *call* é positivo, pois 15,50 – 13,00 = 1,50. Lembre-se que para uma *call*:

$$VI_{call} = \text{Preço de mercado} - \text{Strike}$$

Uma opção de venda com preço de exercício de R$ 17,00 daria o direito ao titular de vender a ação a esse preço, portanto está *in the money*. Note que nesse caso o valor intrínseco da *put* é positivo, pois 17,00 – 15,50 = 1,50. Lembre-se que para uma *put*:

$$VI_{put} = \text{Strike} - \text{Preço de mercado}$$

A opção *at the money* (ATM), ou no dinheiro, é a opção cujo *strike* é muito próximo do preço de mercado atual. O valor intrínseco nesse caso é muito pequeno, tanto em valores positivos ou negativos, e a probabilidade de exercício depende do prazo até o vencimento.

Por exemplo, suponha que uma ação seja negociada atualmente ao preço de R$ 15,50. Uma opção de compra com preço de exercício de R$ 15,25 daria o direito ao titular de adquirir a ação a esse preço, portanto está *at the money*. Note que nesse caso o valor intrínseco da *call* é positivo, pois 15,50 – 15,25 = 0,25.

Uma opção de venda com preço de exercício de R$ 15,25 daria o direito ao titular de vender a ação a esse preço, portanto está *at the money*. Note que nesse caso o valor intrínseco da *put* é negativo, pois 15,25 – 15,50 = -0,25.

A opção *out of the money* (OTM), ou fora do dinheiro, é a opção cujo *strike* tem valor intrínseco negativo e valor extrínseco alto. A probabilidade de exercício da opção é baixa, pois nesse momento o titular não obteria o ganho correspondente ao valor intrínseco.

Para uma *call*, ocorre quando o preço é inferior ao *strike*.

Para uma *put*, ocorre quando o preço é superior ao *strike*.

Por exemplo, suponha que uma ação seja negociada atualmente ao preço de R$ 15,50. Uma opção de compra com preço de exercício de R$ 17,00 daria o direito ao titular de adquirir a ação a esse preço, portanto está *out the money*. Note que nesse caso o valor intrínseco da *call* é negativo, pois 15,50 – 17,00 = -1,50.

Uma opção de venda com preço de exercício de R$ 13,75 daria o direito ao titular de vender a ação a esse preço, portanto está *out of the money*. Note que nesse caso o valor intrínseco da *put* é negativo, pois 13,75 – 15,50 = 1,75.

Garantias no mercado de opções

Para realizar as transações de compra de opções, os titulares (compradores) de opções de compra (*call*) ou de venda (*put*) não depositam garantias, pois não assumem compromisso e já efetuam o pagamento do prêmio.

Já os lançadores (vendedores) de opções de compra apresentam como garantia de execução da operação as próprias ações que assumiram a obrigação de vender caso o titular exerça o direito de compra.

Os lançadores (vendedores) de opções de venda apresentam como garantia o valor em dinheiro ou em outros ativos, pois assumiram a obrigação de comprar as ações no vencimento, caso sejam exercidos.

SWAPS

Os *swaps* consistem em acordos entre dois investidores, visando a troca de fluxos de caixa futuros em um determinado período. É possível, por exemplo, que uma empresa que tenha uma dívida em dólar, troque esse fluxo de caixa em moeda estrangeira por um fluxo de caixa em moeda local mediante o pagamento de uma taxa de juros.

Os acordos são elaborados geralmente por instituições financeiras, envolvendo duas empresas ou investidores, efetuando seu registro na B3, e costumam ser definidos como uma troca de riscos, em que os participantes negociam as rentabilidades de dois ativos diferentes.

Os *swaps* podem envolver diversos fatores que influenciam os fluxos de caixa, conforme itens a seguir:

- Taxa pré-fixada.
- Taxa pós-fixada (Taxa DI ou Selic).
- Moeda estrangeira.
- Taxa de juros estrangeira.
- Índice de ações.
- Risco de crédito (*Credit Default Swaps* – CDS).

Ao realizar uma operação de *swap*, um investidor renuncia ao fluxo de caixa em um dos diferentes fatores acima e assume outro fluxo de caixa em um dos outros fatores.

Esses derivativos são amplamente utilizados em estratégias de proteção, pois podem ser realizados por um prazo longo. É comum sua adoção por empresas que estejam expostas por um longo período a determinados tipos de riscos, associados às suas atividades ou formas de financiamento.

As situações mais frequentes que geram a necessidade de realizar *swaps* são as seguintes:

- Empresas importadoras que possuem custos associados à variação de moedas estrangeiras. Nesse caso, a necessidade é de evitar que um aumento da taxa de câmbio aumente também os custos.
- Empresas importadoras que possuem receitas em moeda estrangeira. Nesse caso, a necessidade é de evitar que uma queda na taxa de câmbio reduza o valor das receitas convertidas em moeda local.
- Empresas aéreas, que possuem custos associados à variação de moedas estrangeiras e ao preço do petróleo. Nesse caso, há necessidade de proteção contra a cotação da moeda estrangeira e do petróleo, pois esse aumento eleva os custos de duas maneiras distintas, e que juntas podem ter grande impacto sobre os resultados.
- Gestoras de fundos e outros investidores, que possam ser afetadas pelas oscilações no mercado de ações. Nesse caso, há necessidade de proteção contra movimentações desfavoráveis do mercado, que possam reduzir o preço dos ativos e o valor da carteira de investimentos.

Por exemplo, suponha que uma empresa possua uma dívida em dólares, e que quer se proteger da variação cambial, já que essa pode elevar o valor da dívida e acarretar perdas. Para realizar a operação, ela pode fazer um *swap* cambial, compensando a variação cambial com o pagamento de uma taxa de juros, por exemplo taxa DI. Nesse caso, a empresa passará a se beneficiar da oscilação cambial, mas arcará com a variação do contrato pela taxa DI.

Assim sendo, o resultado de uma operação de *swap* tem uma parte "ativa", que representa o risco que a empresa deixou de se expor, e a parte "passiva", que representa o risco que a empresa passou a se expor. Após o término do contrato, é calculada a rentabilidade para cada uma das partes, baseado nas taxas e oscilações ocorridas, obtendo assim o valor futuro para cada uma das partes. O resultado é a diferença entre a parte ativa e passiva, de acordo com a equação a seguir.

$$\text{Ajuste do } swap = \text{Valor Futuro}_{\text{parte ativa}} - \text{Valor Futuro}_{\text{parte passiva}}$$

Para ilustrar essa situação, suponha que essa empresa possua uma dívida de R\$ 5 milhões em dólar. A empresa faz um *swap* DI por dólar por um prazo de 360 dias.

Após o período, a moeda americana aumentou em 5% e a taxa de juros em dólar foi de 2%. Suponha ainda que a taxa DI no período foi de 6%.

Nesse caso, o valor futuro da parte ativa será a variação cambial adicionada da taxa de juros em dólar, ou seja:

$$\text{VF}_{\text{parte ativa}} = 5.000.000 \times (1+0,05) \times (1+0,02) = 5.355.000$$

Já a parte passiva terá sua correção pela taxa DI, ou seja:

$$\text{VF}_{\text{parte ativa}} = 5.000.000 \times (1 + 0,06) = 5.300.000$$

Com isso, o resultado do *swap*, a ser creditado na conta da empresa no vencimento, será obtido pela diferença entre a parte ativa e passiva, ou seja:

$$\text{Ajuste do } swap = 5.355.000 - 5.300.000 = 55.000$$

CERTIFICADOS DE OPERAÇÕES ESTRUTURADAS (COE)

Os Certificados de Operações Estruturadas (COE) são instrumentos que mesclam elementos de renda fixa e renda variável, estruturados a partir de cenários de ganhos e perdas, de acordo com o perfil de cada investidor.

Os COE podem ser emitidos em duas modalidades:

- Valor nominal protegido, com garantia do valor principal investido; ou

- Valor nominal em risco, com a possibilidade de perda limitada ao valor do capital investido.

Suas vantagens estão relacionadas com o acesso a novos mercados e diversificação, pois em um único instrumento e uma única tributação, o investidor pode aplicar seus recursos pensando ainda na proteção do capital ou alavancagem dos ganhos previstos.

Os bancos emitem esses certificados com vencimento, valor mínimo de aporte e cenários de ganhos e perdas, conforme o perfil do investidor.

Seu formato é muito semelhante às Notas Estruturadas, muito comuns nos Estados Unidos e Europa.

7

Análise Fundamentalista

A análise fundamentalista se destina a avaliar as ações das empresas considerando os fatores que influenciam a atividade das empresas, seus resultados e consequentemente o preço das ações. Pela abordagem fundamentalista, os principais fatores a analisar quanto à influência sobre o desempenho da empresa são:

- Desempenho da economia, indicadores econômicos e políticas econômicas.
- Expectativas futuras relacionadas ao desempenho do setor e da empresa.
- Desempenho histórico da empresa.
- Governança corporativa.
- Marcas e propriedade intelectual.

ANÁLISE FUNDAMENTALISTA E ANÁLISE TÉCNICA

É importante distinguir a abordagem fundamentalista da abordagem técnica, conhecida também por análise gráfica. Enquanto a primeira considera os fatores que influenciam o desempenho da empresa, a segunda se dedica a observar as tendências do preço das ações em si, tendo em vista o comportamento dos investidores e as relações entre oferta e demanda.

Ao tomar decisões de investimento, os analistas devem considerar ambos os aspectos. No entanto, dependendo do tipo de operação, uma análise é mais determinante do que a outra.

Nas operações realizadas no *intraday* (*day trade* e *swing trade*) e em prazos curtos (*swing trade*), a análise técnica é mais aplicável, pois auxilia na identificação de tendências e reversão de tendências de evolução dos preços.

Já para as operações realizadas em prazos maiores, como *position trade* e *buy and hold*, a análise fundamentalista é mais adequada, pois no longo prazo, a análise dos fatores que levam a um aumento ou redução nos preços terá mais efeito do que as tendências de curto prazo.

Isso não significa que as duas abordagens são independentes, pois é possível conciliar a análise técnica com a fundamentalista. Por exemplo, suponha que um investidor queira adquirir ações para uma carteira de longo prazo. No processo decisório, ele pode utilizar a análise técnica para identificar um melhor momento para adquirir o ativo.

CAPÍTULO 7 • ANÁLISE FUNDAMENTALISTA **125**

De forma análoga, suponha que um investidor queira realizar uma operação de *swing trade* com as ações de uma empresa de petróleo. Nesse caso, ele pode utilizar a análise técnica aliada, por exemplo, às informações a respeito dos estoques de petróleo ou atividade econômica, para sustentar sua decisão de compra com base na análise fundamentalista também.

O Quadro 1 sumariza as principais diferenças entre as duas abordagens, considerando a base para análise, o foco em relação ao prazo, as principais técnicas e os tipos de operação em que são mais aplicáveis.

QUADRO 1 Comparação entre análise técnica e fundamentalista

	Análise fundamentalista	Análise técnica ou gráfica
Base para a análise	Fatores que influenciam o preço	Tendências de evolução do preço
Foco	Longo prazo	Curto prazo
Principais técnicas	Análise estratégica, análise econômica, análise das demonstrações financeiras, análise da governança, múltiplos, *valuation* pelo fluxo de caixa descontado	Linhas de tendência, médias móveis, volume de negociação, indicadores, formato dos *candlesticks*
Tipo de operação	*Position trade* e *buy and hold*	*Day trade* e *swing trade*

Neste capítulo descreveremos os elementos constituintes da análise fundamentalista, enquanto no próximo capítulo trataremos da análise técnica.

ELEMENTOS DA ANÁLISE FUNDAMENTALISTA

Os fatores que podem influenciar o desempenho da empresa envolvem aspectos externos e internos da companhia. Para realizar a análise fundamentalista, algumas informações podem ser necessárias:

- Desempenho recente e projeções para os principais indicadores econômicos (PIB, nível de emprego, renda, consumo, inflação etc.).
- Indicadores do mercado financeiro (índices de bolsa, taxas de juros etc.).
- Desempenho do setor, evolução recente e projeções para o desenvolvimento das empresas do setor.
- Demonstrações financeiras da empresa e de empresas comparáveis.
- Análise estratégica do setor e da empresa.
- Análise dos elementos de ESG (Environmental, Social and Governance, ou seja, aspectos ambientais, sociais e de governança corporativa).
- Análise do valor atual da empresa e do valor justo da empresa (*valuation*).

A seguir destacaremos alguns desses elementos, incluindo a análise de indicadores econômicos, análise das demonstrações financeiras e avaliação da empresa (*valuation*).

INDICADORES ECONÔMICOS E DO MERCADO FINANCEIRO

Os indicadores econômicos e do mercado financeiro tendem a exercer influência sobre o preço das ações, considerando que alguns desses indicadores mostram tendências futuras que podem afetar a atividade das empresas.

Produto Interno Bruto (PIB)

O Produto Interno Bruto (PIB) mostra o quanto a economia produziu em bens e serviços em dado período. É o indicador mais utilizado para medir o nível de atividade econômica de um país ou região.

Os indicadores relacionados ao PIB costumam exercer influência sobre as empresas, já que tendências de alta podem indicar que as empresas poderão também se beneficiar da elevação do nível de atividade econômica com aumento das receitas e resultados. Porém, as empresas não reagem da mesma forma às oscilações do nível de atividade, conforme seu setor econômico.

Setores de bens de consumo não duráveis, como alimentos e medicamentos, bem como setores de serviços públicos (*utilities*), por exemplo, podem ser mais resilientes às oscilações da economia. Por esse motivo, sofrem menos com as oscilações do Produto Interno Bruto.

Já empresas atuantes na produção ou comercialização de bens de consumo não duráveis (como equipamentos eletrônicos, veículos e equipamentos de linha branca), de bens de consumo semiduráveis (como vestuário, calçados e acessórios) e serviços (como restaurantes, viagens e lazer) costumam ter maior sensibilidade às oscilações da economia, mostrando assim maior sensibilidade ao PIB.

No Brasil, os indicadores de PIB são divulgados com periodicidade trimestral pelo IBGE (Instituto Brasileiro de Geografia e Estatística). Porém, como ao longo do trimestre a economia pode dar sinais parciais, ao final de cada mês, o Banco Central do Brasil realiza uma pesquisa prévia do PIB, por meio do indicador IB-C-Br. Sua divulgação é feita geralmente 45 dias após o encerramento de cada mês, permitindo uma projeção parcial do nível de atividade econômica no trimestre.

Inflação

A inflação representa a perda de poder de compra da moeda local, sendo medida pela variação dos preços dos produtos e serviços. Os indicadores de inflação são muito importantes na análise fundamentalista, já que um processo inflacionário indica que a moeda perde valor com maior velocidade, afetando a renda e o poder de compra dos consumidores. Como reação (ou até precaução) a um processo inflacionário, a autoridade monetária nacional, representada pelo Banco Central, pode conduzir uma política monetária restritiva, elevando taxas de juros e restringindo o crédito para pessoas e empresas.

Isso ocorre devido ao regime de metas de inflação utilizado atualmente no país. Por esse regime, é estabelecido pelo Conselho Monetário Nacional (CMN) a meta de inflação para a economia. Cabe à autoridade monetária manter os indicadores de inflação dentro de um intervalo de valores em relação à meta.

A inflação representa um sinal negativo para a economia, sobretudo para os setores ligados ao comércio varejista, que são impactados de forma mais imediata pela perda de poder de compra dos consumidores e pelas restrições ao crédito impostas pelo Banco Central.

No Brasil, o indicador oficial de inflação é o IPCA (Índice de Preços ao Consumidor Ampliado), cobrindo preços de diferentes produtos e serviços ao consumidor. O índice é medido pelo IBGE com periodicidade mensal.

Taxa básica de juros (Selic)

A taxa básica de juros da economia brasileira é a taxa Selic. Esse acrônimo significa Sistema de Liquidação e Custódia de Títulos Públicos. Trata-se de um ambiente de negociação em que são transacionados entre as instituições financeiras os títulos públicos (principalmente federais). A taxa Selic representa, portanto, um parâmetro de taxa de juros praticada entre as instituições financeiras, refletindo o custo do dinheiro para essas instituições.

A meta da taxa Selic é determinada pelo Comitê de Política Monetária do Banco Central (COPOM), com a participação do Presidente do Banco Central e de outros membros. Esse comitê toma a decisão sobre a manutenção ou alteração da meta a cada 45 dias aproximadamente, sempre em uma quarta-feira, totalizando oito decisões a cada ano. O Gráfico 1 mostra a evolução da meta da taxa Selic no período de 2012 a 2022.

A taxa Selic é um dos principais instrumentos de execução da política monetária pelo Banco Central, para o controle inflacionário e estímulo à atividade econômica. Em períodos de menor ritmo de atividade econômica, a taxa é reduzida, visando incentivar o crédito, investimento produtivo e consumo, já que uma menor taxa representa um menor custo do crédito e uma menor atratividade de investimentos em renda fixa.

Em períodos de ameaça inflacionária, a autoridade monetária eleva a taxa Selic, visando encarecer o crédito e reduzir o consumo, já que uma taxa maior reduz as pressões sobre o consumo que levam à inflação.

No gráfico nota-se, por exemplo, que no ano de 2015, quando a inflação atingiu 10,67%, a taxa Selic foi elevada. Por outro lado, no período de pandemia do Coronavírus em 2020, a taxa Selic meta foi reduzida.

GRÁFICO 1 Evolução histórica da meta para a taxa Selic.
Fonte: BCB

Embora a taxa meta seja definida pelo COPOM, a taxa Selic pode variar conforme a oferta e demanda por títulos e por recursos para suprir as necessidades de caixa das instituições financeiras. As decisões sobre a taxa básica de juros também costumam causar impactos nas empresas e instituições financeiras. Empresas dos segmentos ligados ao comércio e produção de bens de consumo duráveis e semiduráveis e bens de capital costumam ser negativamente impactadas pelas decisões de alta nas taxas de juros, sendo beneficiadas quando a decisão é de redução na meta.

Dependendo do patamar das taxas de juros, as instituições financeiras que atuam como bancos comerciais, realizando empréstimos a pessoas físicas e jurídicas, podem ser beneficiadas ou prejudicadas pelas decisões de elevação ou queda nas taxas de juros. Caso as taxas atuais estejam em um patamar muito elevado, a redução nas taxas de juros pode indicar uma mudança na política monetária do Banco Central, voltando a estimular o crédito e elevando as expectativas quanto aos resultados dessas instituições.

Emprego e renda

Os indicadores de renda e emprego são trimestralmente publicados pelo IBGE como resultado da Pesquisa Nacional por Amostra de Domicílios. Embora sejam divulgados trimestralmente e seus efeitos possam ser medidos por meio de outros indicadores, é importante destacar o impacto sobre os diferentes setores. As empresas dos segmentos de varejo são notadamente influenciadas por esses indicadores, já que menor renda e emprego, ou maior desemprego, aponta uma expectativa negativa para as vendas e resultados para essas empresas.

As instituições financeiras atuantes em crédito para pessoas físicas também são negativamente impactadas, uma vez que maior desemprego pode levar ao aumento da inadimplência e impactar negativamente o resultado dessas instituições.

Indicadores de desempenho econômico de outros países

O desempenho da economia brasileira depende em parte do desempenho econômico de outros países. Por exemplo, como muitas empresas brasileiras são produtoras e exportadoras de *commodities*, indicadores econômicos mundiais podem afetar o desempenho dessas empresas.

Por isso, o acompanhamento desses indicadores é importante para definir as expectativas quanto ao desempenho de muitas empresas brasileiras.

A economia americana é sempre alvo da atenção de investidores em todo o mundo. Por isso, os indicadores de desempenho econômico divulgados com maior antecedência costumam antecipar os sinais do nível de atividade econômica. Relataremos a seguir os principais indicadores na ordem em que são publicados.

O primeiro indicador divulgado a cada mês sobre o desempenho da economia americana é o PMI (Purchase Managers Index), que mostra os resultados de uma pesquisa realizada com executivos da área de compras das grandes indústrias americanas. Essa pesquisa reflete a confiança e a intenção de realizar novos pedidos de produtos e matérias-primas para o próximo mês.

Embora contenha apenas o resultado de uma pesquisa, esse indicador é importante pelo fato de ser divulgado no primeiro dia útil de cada mês pelo *Institute of Supply Management* dos Estados Unidos, dando uma prévia do nível de atividade econômica.

O próximo indicador é o chamado *Payroll*, que mostra os indicadores de renda e emprego dos trabalhadores americanos. É publicado na primeira sexta-feira de cada mês pelo Bureau of Labor Statistics. Indicadores de renda e emprego em alta são interpretados como sinais de aquecimento da economia, mas nem sempre são um sinal favorável. Um ritmo de crescimento excessivo do emprego e da renda podem ser interpretados como um sinal de que a economia americana pode estar sob maior risco de um processo inflacionário, sendo recebidos de forma desfavorável pelos investidores.

Os indicadores do mercado imobiliário americano também têm grande impacto sobre as expectativas dos investidores, já que o setor movimenta uma grande cadeia produtiva e reflete a disposição dos norte-americanos em investir em imóveis. Os indicadores de vendas de imóveis novos e usados são divulgados respectivamente pelo Census Bureau e National Association of Realtors dos Estados Unidos mensalmente na terceira ou quarta semana.

O principal indicador de inflação dos Estados Unidos, CPI (Consumer Price Index, ou Índice de Preços ao Consumidor) também é divulgado na metade do mês pelo Bureau of Labor Statistics. Porém, devido à divulgação prévia dos outros indicadores, geralmente sua publicação não causa grande surpresa no mercado.

O Produto Interno Bruto dos Estados Unidos é divulgado trimestralmente, sempre um mês após o fim do trimestre, pelo Bureau of Economic Analysis. No entanto, seu resultado também não costuma gerar surpresas, considerando a divulgação prévia dos demais indicadores.

Além dos indicadores econômicos, também tem grande importância o resultado das decisões do FOMC (Federal Open Market Committee), que equivale ao COPOM no Brasil, definindo a taxa básica de juros dos Estados Unidos. As decisões são divulgadas após as reuniões realizadas a cada seis semanas, apontando também a política monetária adotada pela instituição.

A decisão de taxas de juros dos Estados Unidos pode ter grande impacto sobre a taxa de câmbio. Um aumento das taxas de juros pode indicar uma tendência de fortalecimento da moeda americana, desvalorizando as moedas de países emergentes, como o Real brasileiro. Com isso, empresas locais que importam produtos ou matérias-primas podem ser prejudicadas, considerando o provável aumento de custos. Por outro lado, empresas exportadoras de *commodities*, proteína animal e outros produtos, podem ser beneficiadas, uma vez que com a maior taxa de câmbio terão um aumento em suas receitas convertidas para a moeda local.

Os indicadores de atividade de outros países, como a China, têm cada vez mais impacto sobre as empresas brasileiras, sobretudo as exportadoras de *commodities*. O PMI (Purchase Managers Index) chinês, divulgado pela empresa Markit Economics aproximadamente seis dias úteis antes do final do mês, aponta os resultados de uma pesquisa com executivos de empresas chinesas sobre preços, pedidos e estoques. Quando esse indicador apresenta resultado superior a 50, sugere que a economia do país está em expansão, enquanto um resultado inferior a 50 sugere uma retração da economia.

Tendo em vista a crescente importância da China no cenário econômico mundial, a observação desse indicador tem cada vez maior peso nas análises e nas decisões tomadas pelos investidores, já que sugere um grande impacto sobre empresas de todo o mundo.

Taxa de câmbio

A taxa de câmbio mostra o fator de conversão das moedas estrangeiras em moeda local. No Brasil, a taxa de câmbio que apresenta maior impacto sobre as empresas é a cotação do dólar americano. É medida por meio da PTAX, uma taxa divulgada pelo Banco Central diariamente a partir das transações efetuadas pelos principais agentes no mercado de câmbio. A PTAX apresenta variação diária, afetando as transações realizadas com moedas estrangeiras pelas empresas e pessoas físicas.

A variação diária ocorre principalmente pelo fluxo cambial de entrada e saída de moeda estrangeira, medido pelo Balanço de Pagamentos. Porém, expectativas ligadas a uma possível elevação ou queda da taxa de câmbio podem aumentar ou reduzir a demanda pela moeda estrangeira, afetando também o indicador.

No longo prazo, a taxa de câmbio deve evoluir conforme a inflação das diferentes moedas. Se a inflação brasileira, por exemplo, for superior à inflação americana em dado período, espera-se que a taxa de câmbio suba, fazendo com que seja necessário um maior valor em Reais brasileiros para comprar um Dólar americano. No entanto, distorções podem ocorrer justamente em função de expectativas, ou pela própria atuação do Banco Central, que também realiza transações no mercado de câmbio, interferindo na cotação da moeda por meio de leilões de *swaps* ou dólares à vista.

Empresas de diferentes setores podem ser afetadas de maneira diversa pela variação do indicador. Aquelas que importam produtos e matérias-primas, para revenda ou produção de bens, são negativamente impactadas pela elevação da taxa de câmbio. Isso porque os custos de aquisição desses produtos acompanham a cotação da moeda estrangeira, levando essas empresas a uma redução das margens de lucro ou queda na demanda pelo aumento de preços.

Empresas que possuem dívidas em moeda estrangeira também são negativamente impactadas pela elevação das taxas de câmbio, já que a dívida convertida em Reais brasileiros passa a ser maior, e os resultados computarão as perdas com variação cambial. Podemos identificar alguns setores de empresas que se encaixam nesse grupo, como aquelas atuantes em setores de Serviços Públicos (*utilities*) ou infraestrutura, concessionárias de aeroportos, rodovias e ferrovias. Essas empresas costumam captar dívidas em moeda estrangeira para a realização dos investimentos, e caso não realizem proteção (*hedge*) contra a variação cambial, terão impactos em seus resultados.

Empresas exportadoras, por outro lado, podem ser beneficiadas pelo aumento da taxa de câmbio, já que a receita obtida pela venda de seus produtos passa a ser maior quando convertida para Reais brasileiros por uma razão maior. Com isso, essas empresas podem apresentar elevação das receitas e das margens de lucro.

ANÁLISE DAS DEMONSTRAÇÕES FINANCEIRAS

As demonstrações financeiras captam os eventos ocorridos na empresa e os registram por meio de valores monetários em relatórios, que mostram diferentes informações relativas ao desempenho financeiro. Seu funcionamento tem padrões e uma terminologia específica, assim como a engenharia e outras áreas de conhecimento. Por isso, o estudo e a familiaridade com essa terminologia proporcionam maiores possibilidades de utilização das demonstrações como suporte às decisões de análise fundamentalista.

O BALANÇO PATRIMONIAL

A primeira das demonstrações financeiras é o Balanço Patrimonial, que reflete, por meio de saldos estáticos em determinada data, bens e direitos, chamados de Ativos, e as obrigações presentes, chamadas de Passivos. Esses itens são descritos a seguir:

- Bens: itens que a empresa possui para desempenhar suas atividades operacionais, comerciais e administrativas, podendo ser tangíveis (corpóreos ou materiais) ou intangíveis (incorpóreos, sem forma física).
- Direitos: valores a receber de terceiros decorrentes de suas operações.
- Obrigações presentes: exigíveis com terceiros decorrentes de decisões previamente tomadas e associadas a eventos dos quais a empresa já obteve os benefícios, por exemplo, valores a pagar a Fornecedores, Empréstimos a pagar a Bancos e outros.
- Patrimônio líquido: valor residual decorrente da diferença entre bens e direitos e obrigações, que representa o investimento inicial dos sócios e os resultados acumulados.

Na composição do Balanço Patrimonial, a totalidade dos bens e direitos equivale à soma das obrigações presentes com o Patrimônio Líquido.

O Quadro 2 demonstra a representação gráfica do Balanço Patrimonial.

QUADRO 2 Estrutura simplificada do Balanço Patrimonial

BALANÇO PATRIMONIAL	
ATIVO	PASSIVO
Bens e direitos	Passivos exigíveis Obrigações presentes
	Patrimônio líquido Investimento dos sócios e resultados acumulados

Em sua composição mais detalhada, o Balanço Patrimonial possui uma organização padronizada, em que itens com maior liquidez (entendida como a velocidade com que um ativo pode se transformar em caixa) e exigibilidade (entendida como o prazo com que uma obrigação deve ser cumprida) se localizam na parte superior, e vão sendo listados em ordem decrescente de liquidez e exigibilidade.

Além disso, ocorre o agrupamento das contas conforme o nível de liquidez e exigibilidade. Os ativos com maior liquidez, disponíveis para realização em até 12 meses, são listados em um grupo de ativos chamado de Ativo Circulante. Já os ativos com menor liquidez são agrupados no Ativo não Circulante.

O mesmo ocorre com os Passivos. Aqueles com prazo de exigibilidade de até 12 meses são agrupados no Passivo Circulante, enquanto os demais, com prazo superior, encontram-se no Passivo não Circulante.

Os aportes realizados pelos sócios e os resultados acumulados são lançados sempre no Patrimônio Líquido, que representa o capital dos sócios. Esses itens, embora façam parte do lado do Passivo, não tem prazo para cumprimento, uma vez que o investimento dos sócios não tem prazo definido para devolução.

O Quadro 3 apresenta a estrutura detalhada com as principais contas do balanço patrimonial e seus respectivos conteúdos.

DEMONSTRAÇÃO DO RESULTADO DO EXERCÍCIO (DRE)

Esse relatório contém os eventos econômicos que geraram ganhos ou gastos para a empresa durante um período específico, podendo ser um mês, um trimestre, um semestre ou um ano, dependendo da necessidade da gestão. Sua padronização prevê uma organização que parte dos valores brutos dos recursos decorrentes da atividade, chamados de Receitas, gradativamente descontando cada um dos gastos até atingir o resultado líquido.

O Quadro 4 demonstra a organização padrão e a respectiva descrição.

134 MERCADO DE CAPITAIS E BOLSA DE VALORES

QUADRO 3 Estrutura detalhada do Balanço Patrimonial

BALANÇO PATRIMONIAL			
ATIVO		**PASSIVO**	
ATIVO CIRCULANTE		**PASSIVO CIRCULANTE**	
Disponibilidades	Valores disponíveis em espécie, saldo em conta corrente ou aplicação financeira	Fornecedores a pagar	Valores a pagar (ainda não pagos) a fornecedores referente a compras e serviços
Contas a receber	Valores a receber (ainda não recebidos) de clientes	Salários e impostos a pagar	Valores a pagar (ainda não pagos) a funcionários e tributos referente a períodos já realizados
Estoques	Matérias-primas, produtos em fabricação e produtos prontos	Empréstimos e financiamentos	Saldo devedor a pagar a bancos e outras instituições financeiras e títulos emitidos
ATIVO NÃO CIRCULANTE		**PASSIVO NÃO CIRCULANTE**	
Realizável a longo prazo	Valores a receber de clientes ou estoques com realização em mais de 12 meses	Empréstimos e financiamentos	Saldo devedor a pagar a bancos e outras instituições financeiras e títulos emitidos com prazo superior a 12 meses
Intangível	Softwares, patentes, direitos de uso e outros	Outras obrigações de longo prazo	Fornecedores, impostos e outras obrigações a pagar em mais de 12 meses
Imobilizado	Instrumentos para procedimentos, equipamentos médicos, mobiliário, veículos, equipamentos de informática, imóveis e instalações	PATRIMÔNIO LÍQUIDO	
Investimentos	Investimentos na participação em subsidiárias e ativos não usados na operação, como propriedades para investimento	Patrimônio líquido	Valor investido inicialmente pelos sócios e lucros retidos para investimento

CAPÍTULO 7 • ANÁLISE FUNDAMENTALISTA **135**

QUADRO 4   Estrutura da Demonstração do Resultado

DEMONSTRAÇÃO DO RESULTADO DO EXERCÍCIO	
Receitas bruta de venda de bens e prestação de serviços	Valor correspondente aos produtos vendidos e serviços prestados durante o período, independente de terem sido recebidos ou não
(-) Deduções da receita	Descontos, bonificações, devoluções e outras deduções da receita
(-) Tributos	Tributos sobre a receita (ICMS, PIS, COFINS, ISS, IPI)
(=) Receita líquida de venda de bens e prestação de serviços	Valor resultante da receita bruta subtraída das deduções e tributos
(-) Custos dos bens e serviços vendidos	Gastos necessários para a fabricação dos produtos correspondentes aos produtos efetivamente vendidos e gastos para a prestação dos serviços
(=) Resultado bruto (Gross Profit)	Valor resultante da receita líquida subtraída dos custos dos bens e serviços vendidos
(-) Despesas operacionais	Gastos necessários à atividade comercial e administrativa da empresa, gastos para entrega dos produtos e outros
(=) Resultado operacional (Resultado antes do resultado financeiro e dos tributos sobre o lucro)	Valor resultante do resultado bruto deduzido das despesas operacionais
(-) Despesas financeiras e (+) Receitas financeiras	Gastos com juros de empréstimos e financiamentos e juros de antecipação de recebíveis. Não são considerados os pagamentos de parcelas, apenas os juros contidos nas mesmas
(=) Resultado antes dos tributos sobre o lucro	Resultado total da empresa antes da tributação sobre o lucro
(-) IR e CSLL	Imposto de renda incidente sobre o lucro e Contribuição Social sobre o Lucro da empresa
(=) Resultado líquido	Resultado da empresa no período, correspondente ao ganho patrimonial para os sócios pelo regime de competência

A DRE é elaborada pelo regime de competência, ou seja, todos os itens são lançados independente de sua contrapartida financeira. Assim, o valor da receita é contabilizado pelo seu fato gerador, que é a entrega do produto ou serviço e não pelo recebimento dos valores dos clientes. Para efeito da análise fundamentalista, esse fato tem um impacto relevante, pois indica que uma maior receita e lucro não significam necessariamente ingresso de recursos, mas o resultado contábil.

Da mesma forma, os custos dos produtos vendidos (CPV) são lançados conforme a entrega das mercadorias ou serviços. Por isso, caso a empresa tenha fabricado produtos, os gastos necessários para a fabricação só serão lançados como CPV se esses produtos forem vendidos. Os itens não vendidos permanecerão no Estoque de produtos do Balanço Patrimonial.

ANÁLISE DA DEMONSTRAÇÃO DO RESULTADO DO EXERCÍCIO

Para a análise da demonstração do resultado e monitoramento do desempenho da empresa, não basta observar apenas o resultado líquido, tampouco se limitar aos valores absolutos. É importante decompor a análise conforme o tipo de resultado. Além disso, para comparar o desempenho com outros períodos, é recomendado o cálculo e análise das margens, conforme descrito a seguir.

$$\text{Margem Bruta} = \frac{\text{Resultado bruto}}{\text{Receita líquida}}$$

A margem bruta, conhecida também como *Gross Margin* reflete a eficiência da empresa na venda de produtos, considerando apenas os gastos diretamente relacionados à sua execução. Essa eficiência reflete maior valor criado para os clientes, entendido como a diferença entre o preço de venda e o custo, e decorre do poder competitivo da empresa, que permite a prática de preços superiores aos custos, e do mix de produtos comercializado. Caso a empresa venda mais produtos com maior "margem" (diferença entre preço e custo), a margem bruta será maior também.

$$\text{Margem Operacional} = \frac{\text{Resultado operacional}}{\text{Receita líquida}}$$

A margem operacional reflete a eficiência da operação toda da empresa, já considerando todo o esforço administrativo e comercial. Essa eficiência justifica a preocupação com as despesas comerciais e administrativas e com a efetiva contribuição da estrutura comercial e administrativa da empresa para a obtenção de resultado bruto.

$$\text{Margem Líquida} = \frac{\text{Resultado líquida}}{\text{Receita líquida}}$$

A margem líquida reflete a eficiência de toda a empresa na geração de resultados para remunerar os acionistas e reinvestir no crescimento.

Para a análise das margens, é importante comparar sempre o período atual com os anteriores, observando as tendências de crescimento, que são favoráveis à saúde financeira, ou de queda, que são desfavoráveis para a saúde financeira da empresa. Além disso, é fundamental compreender a relevância dos resultados e margens. O resultado líquido é importante, pois reflete o ganho patrimonial auferido pela empresa no período. Porém, além de ser calculado pelo regime de competência, é influenciado pelo resultado financeiro obtido a partir das receitas financeiras e despesas financeiras.

Essas receitas e despesas podem ser decorrentes de ganhos ou perdas com aplicações financeiras, juros contabilizados sobre empréstimos, variação cambial sobre a dívida e sobre o caixa em moeda estrangeira, descontos concedidos e obtidos e outros. Esses eventos não são considerados como sustentáveis, já que podem decorrer de condições econômicas, taxas de juros, taxas de câmbios e outros que fogem à gestão operacional da empresa.

A tributação sobre o lucro também obedece a regras de apuração que levam a lançamentos de Imposto de Renda e Contribuição Social com impacto negativo ou positivo sobre o resultado.

Por isso, é necessário observar se a empresa está apresentando Margem Bruta e Margem Operacional adequados, comparando com o histórico e com empresas do mesmo setor, além de analisar a Margem Líquida.

CAPITAL DE GIRO E RISCOS DE CURTO PRAZO

O termo capital de giro se refere aos recursos aplicados no curto prazo, representados na estrutura do balanço patrimonial pelos ativos circulantes. Porém, observando também as obrigações de curto prazo, pode-se estabelecer uma relação entre os bens e direitos a realizar no curto prazo (ativo circulante) e as obrigações de curto prazo (passivo circulante). Dessa relação é obtido o capital de giro líquido (CGL), ou capital circulante líquido (CCL), conforme equação a seguir.

Capital de Giro Líquido = Ativo Circulante – Passivo Circulante

O CGL representa o valor "excedente" de bens e direitos de curto prazo subtraído das obrigações de curto prazo. Quando o **CGL é positivo**, a empresa tem um saldo maior em bens e direitos a realizar no curto prazo do que um saldo de obrigações no mesmo período, sugerindo que a empresa tem uma situação relativamente confortável quanto ao cumprimento dessas obrigações. Nesse caso, diz-se que a empresa está em situação de folga financeira, apresentando **baixo risco** de não cumprir essas obrigações de curto prazo.

Já quando o **CGL é negativo**, a empresa tem um saldo maior em obrigações de curto prazo do que bens e direitos a realizar no período, sugerindo que pode haver dificuldade em gerar recursos para cumprir as obrigações. Nesse caso, a empresa está em situação de **stress financeiro**, apresentando **maior risco** de não cumprir as obrigações de curto prazo.

Quando o **CGL é zero**, significa que a empresa tem um equilíbrio entre os bens e direitos a realizar no curto prazo e as obrigações a cumprir no mesmo período.

Apesar de apresentar uma medida objetiva da folga ou stress financeiro, o CGL não permite comparações com outras empresas ou mesmo com a mesma empresa em outros momentos. Para poder fazer tais comparações, utiliza-se uma medida relativa, chamada índice de liquidez.

O Índice de liquidez corrente (ILC) mede a mesma relação entre bens e direitos a realizar no curto prazo e as obrigações de curto prazo pela razão entre ambas. Esse indicador, conforme equação a seguir, apresenta o volume de bens e direitos realizáveis no curto prazo para cada valor em obrigações de curto prazo.

$$ILC = \frac{AC}{PC}$$

A **interpretação do ILC** pode ser associada à **interpretação do CGL**, já que ambos utilizam os mesmos valores de ativos circulantes (AC) e passivos circulantes (PC), conforme Quadro 5.

QUADRO 5 Capital de Giro Líquido e Índice de Liquidez Corrente

CGL	ILC	Interpretação
CGL>0	ILC>1	Folga financeira, indicando que o saldo em bens e direitos realizáveis no curto prazo supera o saldo de obrigações de curto prazo. Sugere baixo risco de curto prazo.
CGL<0	ILC<1	Stress financeiro, indicando que o saldo em bens e direitos realizáveis no curto prazo supera o saldo de obrigações de curto prazo. Sugere alto risco de curto prazo.
CGL=0	ILC=1	Equilíbrio entre bens e direitos e obrigações no curto prazo. Sugere risco equilibrado.

Necessidade de Investimento em Giro (NIG)

Os indicadores de liquidez vistos acima apontam a capacidade de cumprimento das obrigações, ou seja, se uma empresa tem um ILC de 1,80 significa que a empresa tem R$ 1,80 em ativos para cada R$ 1,00 em passivos. Porém, aprofundando a análise, verificamos que ao receber valores de um cliente de um estabelecimento comercial, por exemplo, parte dos recursos devem ser destinados a novas aquisições de mercadorias ou ao pagamento de fornecedores. Da mesma forma, ao vender uma mercadoria, que deixa de compor o estoque, há demanda por novas aquisições.

Isso significa que algumas contas que compõem o ativo circulante e o passivo circulante têm natureza cíclica, ou seja, os saldos devem ser recompostos assim que os valores são realizados. Com isso a empresa necessita investir recursos para manter esses saldos no ativo.

As contas que fazem parte desse grupo são chamadas "operacionais", dividindo-se em ativos circulantes operacionais (ACO) e passivos circulantes operacionais (PCO). Os ativos circulantes operacionais representam recursos aplicados na operação (contas a receber, estoques, despesas antecipadas, tributos a recuperar, adiantamentos a fornecedores e outros).

Os passivos circulantes operacionais são obrigações decorrentes da dinâmica do negócio da empresa (fornecedores a pagar, obrigações tributárias, sociais e trabalhistas, adiantamento de clientes e outros). Essas contas se distinguem das contas "financeiras", representadas pelos ativos circulantes financeiros (ACF) e passivos circulantes financeiros (PCF). A Figura 1 demonstra as contas de ativo circulante e passivo circulante divididas pela natureza operacional e financeira.

A **necessidade de investimento em giro** (NIG), chamada também de capital de giro operacional ou *Working Capital*, é representada por esses recursos demandados para que uma empresa financie suas atividades operacionais desde a aquisição de mercadorias, matérias-primas ou insumos para a prestação de serviços, até o recebimento pela venda dos produtos e serviços. Após a organização das contas operacionais e financeiras, a NIG é calculada pela diferença entre os ativos circulantes operacionais (ACO) e os passivos circulantes operacionais (PCO), conforme Figura 1.

A fórmula a seguir demonstra o cálculo da NIG, representada pelos investimentos efetuados na operação no curto prazo deduzidos das obrigações decorrentes da própria operação. Assim, a NIG representa o volume de recursos requeridos pela operação que não é suprido pela própria operação.

$$NIG = ACO - PCO$$

Quanto maior a NIG, maior o volume de recursos requeridos pela operação. Caso a NIG seja negativa, a operação não requer recursos, pois as obrigações decorrentes da operação proporcionam recursos que a empresa poderá utilizar no curto prazo.

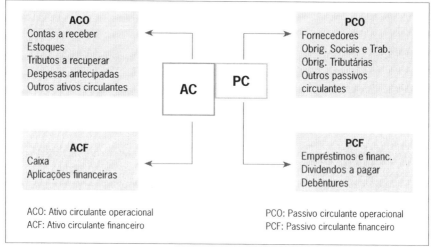

FIGURA 1 Ativos e Passivos Circulantes Operacionais e Financeiros

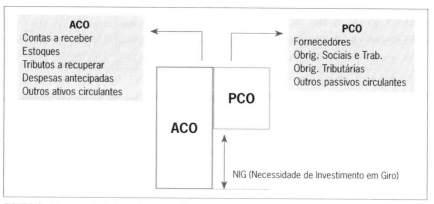

FIGURA 2 Necessidade de Investimento em Giro.

Ao analisar a NIG de uma empresa, caso o indicador aumente com o tempo, significa que a empresa consome maior volume de recursos para investir no curto prazo. Portanto, uma NIG mais elevada representa um indicador desfavorável para o desempenho da empresa, já que essa necessitará de maior captação de recursos para viabilizar o crescimento. Os itens a seguir mostram os possíveis resultados da NIG e suas interpretações.

- NIG > 0: A operação requer recursos no curto prazo, que devem ser financiados por passivos financeiros ou capital dos sócios.
- NIG < 0: A operação não requer recursos no curto prazo, mas proporciona financiamento no curto prazo que pode constituir em um excedente.

- NIG = 0: A operação não requer nem proporciona recursos no curto prazo. Os ativos de curto prazo são integralmente financiados pela própria operação.

ANÁLISE DINÂMICA DO CAPITAL DE GIRO

A NIG é um importante indicador a se analisar na atividade de uma empresa, e seu volume é decorrente de alguns fatores. Em primeiro lugar, o nível de atividade afeta a NIG, ou seja, quanto maior for o volume de vendas, maior será a necessidade de recursos para financiar essa atividade. Além disso, a NIG depende da dinâmica da operação, ou seja, do prazo entre o pagamento dos fornecedores e o recebimento dos clientes. Esse prazo é representado pelo Ciclo Operacional e Ciclo Financeiro.

Ciclo operacional e ciclo financeiro

A Figura 3 demonstra a dinâmica de prazo em uma empresa, desde a aquisição de matérias-primas ou mercadorias até o recebimento das vendas. Essa dinâmica é representativa do prazo médio em que ocorrem as transações.

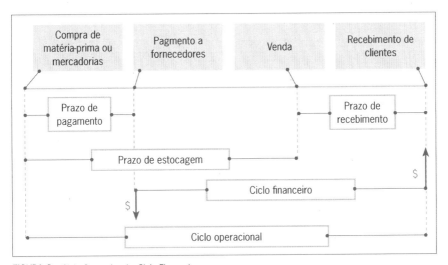

FIGURA 3   Ciclo Operacional e Ciclo Financeiro.

O **prazo médio de pagamento aos fornecedores** (PMP) representa o prazo médio que a empresa leva desde a aquisição dos produtos ou matérias-primas até o efetivo pagamento pelas compras. Esse prazo depende da negociação com os fornecedores e do tipo de mercadoria ou produto que está sendo adquirido.

O **prazo médio de estocagem** (PME) representa o prazo médio que os produtos ou matérias-primas levam desde a aquisição até a venda. Esse prazo pode envolver ainda o processo produtivo, no caso de uma indústria, desde a compra das matérias-primas, elaboração dos produtos e disponibilização para venda. No caso de produtos com um processo produtivo prolongado, como é o caso de um prédio de apartamentos, um navio ou um avião, o prazo de estocagem tem alto impacto sobre a dinâmica da operação. As políticas de estocagem se destinam a controlar esse prazo, conforme será visto adiante.

O **prazo médio de recebimento** (PMR) dos clientes representa o prazo médio que a empresa concede aos clientes para pagamento das vendas efetuadas. Esse prazo depende da política de crédito, conforme será visto adiante.

O prazo entre a compra de mercadorias e o recebimento dos clientes constitui o **ciclo operacional (CO)**, que é o prazo médio em que o ciclo de atividades da empresa se concretiza.

Esse prazo é obtido pela soma do prazo de estocagem com o prazo de recebimento, conforme fórmula a seguir.

$$CO = PME + PMR$$

Já o prazo entre o pagamento dos fornecedores e o recebimento dos clientes constitui o **ciclo financeiro (CF)** ou ciclo de caixa, que é o tempo decorrente entre a saída de recursos financeiros da empresa para pagamento aos fornecedores até o seu retorno pelo recebimento das vendas. Seu cálculo se dá pela soma do prazo médio de estocagem com o prazo médio de recebimento, deduzido do prazo médio de pagamento aos fornecedores, conforme fórmula a seguir.

$$CF = PME + PMR - PMR$$

Quanto maior o ciclo financeiro, maior será a NIG, já que um prazo maior entre o pagamento dos fornecedores e o recebimento dos clientes demandará um maior volume de recursos aplicados em contas a receber e estoques até que o recebimento ocorra por parte do cliente. Os itens a seguir mostram as interpretações possíveis do ciclo financeiro e seus respectivos resultados.

- Ciclo financeiro > 0: A empresa paga aos fornecedores antes de receber dos clientes, levando um prazo até que os recursos retornem à empresa.
- Ciclo financeiro < 0: A empresa recebe dos clientes antes de pagar aos fornecedores, tendo um prazo para utilizar os recursos até o momento de pagar aos fornecedores.

- Ciclo financeiro = 0: A empresa recebe ao mesmo tempo que paga aos fornecedores.

Um ciclo financeiro elevado leva a uma NIG também elevada, representando um indicador desfavorável para a empresa analisada. Por outro lado, um ciclo financeiro curto ou negativo representa um indicador favorável para a empresa analisada.

Cálculo do ciclo financeiro

Para calcular o ciclo financeiro em uma empresa é necessário antes obter os prazos que o compõem, conforme visto no item anterior. Esses prazos podem ser estimados a partir do conhecimento da atividade da empresa, mas podem também ser calculados a partir das demonstrações financeiras.

O prazo médio de estocagem (PME) tem sua fórmula definida pela relação entre o saldo de estoque (atual ou médio) e o custo dos bens e serviços vendidos, conforme fórmula a seguir.

$$PME = \frac{Estoque}{Custo\ dos\ bens\ e\ serviços\ vendidos\ no\ ano} \times 360$$

O prazo médio de recebimento (PMR) tem sua fórmula definida pela relação entre o saldo de contas a receber (atual ou médio) e a receita de vendas, conforme fórmula a seguir.

$$PMR = \frac{Contas\ a\ receber}{Receita\ no\ ano} \times 360$$

Já o prazo médio de pagamento aos fornecedores (PMP) é definido pela relação entre o saldo de fornecedores a pagar (atual ou médio) e as compras efetuadas no ano, conforme equação a seguir.

$$PMP = \frac{Fornecedores}{Compras\ no\ ano} \times 360$$

Como o valor de compras não é um item presente nas demonstrações financeiras, pode-se obtê-lo, no caso de uma empresa comercial, pela diferença entre os saldos de estoques adicionado ao custo dos bens e serviços vendidos no período, conforme fórmula abaixo.

Compras = Estoque final – Estoque inicial + Custo dos bens e serv. vendidos

É possível ainda obter os prazos relacionados a outros ativos, como prazo de adiantamento a fornecedores e prazo de antecipação de despesas; também podendo ocorrer com passivos, como prazo de pagamento de salários, prazo de pagamento de impostos, prazo de adiantamento de clientes. Entretanto, para a maior parte das empresas, os ativos e passivos mais relevantes serão Contas a Receber, Estoques e Fornecedores. Por isso, esses são os três prazos abordados.

Sendo o ciclo financeiro o prazo entre o pagamento aos fornecedores e o recebimento dos clientes, quanto maior esse prazo, menos favorável é a situação para a empresa, já que terá que aguardar mais tempo para que esse "investimento" efetuado retorne para o caixa da empresa.

O mesmo ocorre com a Necessidade de Investimento em Giro, pois quanto maior o ciclo financeiro, maior será a NIG, e consequentemente maior será o valor do "investimento" efetuado nos ativos de curto prazo. Esse investimento vai requerer fundos para financiamento, sejam eles oriundos de terceiros, como Empréstimos e Financiamentos, seja do capital dos sócios. Portanto, a NIG elevada também não é favorável para a empresa.

Para realizar a gestão do capital de giro e reduzir a NIG (*Working Capital*), a empresa deverá procurar reduzir o ciclo financeiro, com destaque para os seguintes itens:

- Redução do prazo médio de recebimento, buscando conceder o mínimo prazo possível aos clientes, conciliando a efetividade comercial com o equilíbrio financeiro.
- Redução do prazo médio de estocagem, buscando reduzir o tempo de produção, programando a produção conforme as informações relacionadas ao planejamento de vendas e adotando práticas comerciais com fornecedores que reduzam a estocagem de materiais.
- Aumento do prazo médio de pagamento aos fornecedores, buscando prazos que reduzam a necessidade de investimento da empresa com recursos próprios ou de terceiros.

A DEMONSTRAÇÃO DOS FLUXOS DE CAIXA (DFC)

Fluxo de caixa é diferente de lucro

O objetivo de compreender essa demonstração está associada à necessidade de distinguir os fluxos de caixa do resultado da empresa. Enquanto o lucro ou prejuízo são apurados pelo regime de competência, no qual os eventos são registrados conforme o seu fato gerador, os fluxos de caixa visam identificar as efetivas saídas e entradas de caixa.

Essa informação é fundamental para verificar a viabilidade do negócio para os investidores, uma vez que para que a empresa proporcione retorno aos investidores (sócios, acionistas e credores), é necessário que haja geração de caixa.

Estrutura da Demonstração dos Fluxos de Caixa

A Demonstração dos Fluxos de Caixa apresentada pelas empresas no formato padrão, ou seja, conforme o Padrão Internacional de Relatórios Contábeis (International Financial Reporting Standards - IFRS), contém em sua estrutura três principais grupos: os fluxos de caixa operacionais, fluxos de caixa de investimento e fluxo de caixa de financiamento. A intenção em se separar o fluxo de caixa nesses três grupos é de permitir a observação individual de como cada uma dessas atividades contribuiu para a geração ou consumo de caixa.

A situação se assemelha àquela em que uma família deseja separar os gastos ordinários daqueles correspondentes às compras de bens de alto valor, como veículos e imóveis. Além disso, não podem se misturar os gastos ordinários com os valores destinados a pagamento de empréstimos, por exemplo. Por esse motivo, os três grupos de fluxos de caixa contêm as informações separadas conforme Quadro 6.

QUADRO 6   Interpretação dos principais componentes da demonstração dos fluxos de caixa

Item	Finalidade	Interpretação
Fluxo de caixa operacional	Observar quanto a operação da empresa gerou ou consumiu em caixa.	Quando positivo, indica que a operação gerou caixa, o que é favorável. Quando negativo, indica que a operação consumiu caixa, o que pode ser desfavorável.
Fluxo de caixa de investimentos	Observar quanto foi investido ou desinvestido em ativos de longo prazo, como imobilizados, intangíveis e investimentos.	Quando positivo, indica que a empresa desinvestiu, vendendo ativos, podendo ser desfavorável ao crescimento. Quando negativo, indica que a empresa usou caixa para investir, sendo favorável ao crescimento.
Fluxo de caixa de financiamento	Observar o fluxo de recursos entre a empresa e os sócios e credores, registrando pagamentos de amortizações, juros e dividendos; bem como a captação de empréstimos e aporte de capital dos sócios.	Quando positivo, indica que a empresa captou recursos de credores ou dos sócios. Quando negativo, indica que a empresa pagou aos credores ou sócios.

É interessante observar que nem sempre o fluxo de caixa positivo é desejável em todos seus componentes. Evidentemente, espera-se que o fluxo de caixa operacional seja positivo, porém tal interpretação não se aplica ao fluxo de caixa de investimentos, uma vez que se espera da empresa a utilização do caixa em novos equipamentos, veículos, propriedades e outros que permitam o crescimento da empresa.

Portanto, quando o fluxo de caixa de investimentos é positivo, isso não significa que os investimentos estão "dando retorno", pois esse retorno será capturado por meio do fluxo de caixa operacional. Por outro lado, quando o fluxo de caixa de investimentos é negativo, isso não representa um mau resultado, mas que a empresa está usando caixa para aquisição de novos ativos.

Por fim, o fluxo de caixa de financiamento não representa necessariamente um resultado favorável ou desfavorável, apenas aponta o fluxo de recursos entre a empresa e os investidores. Se o fluxo de caixa de financiamento é positivo, significa que está ocorrendo ingresso de recursos de sócios ou credores na empresa, enquanto o fluxo de caixa de financiamento negativo significa que a empresa está "devolvendo" recursos aos sócios ou credores.

A somatória dos três fluxos de caixa mencionados produzirá a variação de caixa no período, conforme exemplo no Gráfico 1.

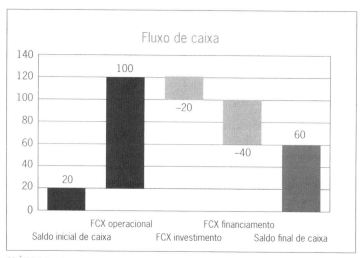

GRÁFICO 1   Representação gráfica dos fluxos de caixa.

Note que a variação do saldo em caixa foi exatamente a somatória do fluxo de caixa operacional (100) com o fluxo de caixa de investimento (-20) com o fluxo de caixa de financiamento (-40), totalizando 40. Essa variação do caixa, somada ao saldo inicial de 20 produz o saldo final de caixa de 60.

O mais importante nesse caso não é apenas saber que o caixa teve um aumento substancial, mas compreender o significado de cada um dos elementos componentes desse fluxo de caixa, conforme itens a seguir:

- O fluxo de caixa operacional de 100 indica que a operação gerou caixa no período.
- O fluxo de caixa de investimentos de -20 indica que a empresa investiu na aquisição de ativos imobilizados, intangíveis e investimentos.
- O fluxo de caixa de financiamento de -40 indica que a empresa pagou dividendos aos sócios e/ou amortização de empréstimos aos credores no período.

Os Fluxos de Caixa ao longo da vida da empresa

Embora haja uma interpretação objetiva para os elementos componentes do fluxo de caixa, seu perfil pode se modificar ao longo da vida ou mesmo ao longo de diferentes ciclos de expansão, estabilidade e retração.

Na fase inicial da empresa, ou no princípio de um novo ciclo de investimento, o fluxo de caixa operacional geralmente é negativo, pois a empresa aplica recursos na formação de estoques, vende aos clientes com prazo mais extenso e por isso consome caixa, apesar de poder auferir lucro contábil.

Além disso, o fluxo de caixa de investimentos também é negativo, uma vez que são consumidos recursos para investir na aquisição de máquinas, equipamentos, propriedades etc.

Para sustentar as atividades operacionais e de investimentos, o fluxo de caixa de financiamento deverá ser positivo, ou seja, a empresa precisará captar recursos de sócios ou credores.

Em uma fase intermediária de crescimento, a operação poderá proporcionar caixa, ou seja, o fluxo de caixa operacional poderá ser positivo, mas esse volume ainda não será tão expressivo. Enquanto isso, os investimentos consumirão caixa para permitir o crescimento, demandando novos equipamentos, máquinas, veículos etc. Por isso, é possível que nessa fase ainda seja requerido ingresso de capital de terceiros ou dos sócios, ou seja, o fluxo de caixa de financiamento seja positivo.

Em uma fase mais madura, em que a empresa se encontra com baixo crescimento, o fluxo de caixa operacional geralmente é positivo e muito elevado. Enquanto isso, o fluxo de investimentos é negativo, mas representa apenas os investimentos na reposição.

A Figura 4 representa o perfil típico dos fluxos de caixa em cada uma dessas três fases no ciclo de vida das empresas.

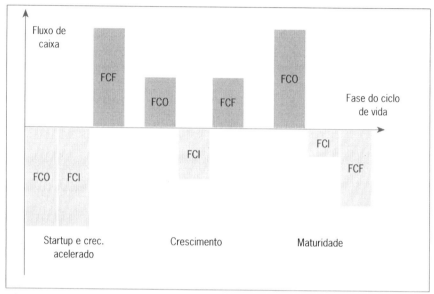

FIGURA 4 Fluxos de caixa e as fases do ciclo de vida.

ENDIVIDAMENTO DAS EMPRESAS

Introdução – Endividamento e Risco

O endividamento das empresas é um tema de constante estudo e discussão. Empresas mais endividadas aumentam sua exposição a riscos, já que os seus fluxos de caixa ficam comprometidos com o pagamento de juros e prestações. Além disso, os compromissos decorrentes do endividamento não dependem do resultado da empresa.

Embora o endividamento seja parte da rotina das empresas, gera compromissos de pagamentos de juros e prestações, além de afetar o resultado devido às despesas com juros e variação cambial. Com isso, empresas mais endividadas podem apresentar maior volatilidade nos resultados, e consequentemente representar riscos ao investidor. Por isso é importante contemplar na análise fundamentalista um diagnóstico da situação de exposição aos riscos do endividamento das empresas.

Estrutura de Endividamento

A estrutura de endividamento reflete a proporção de ativos financiados pelo capital de terceiros, ou seja, empréstimos, financiamentos, fornecedores, impostos, salários e outras obrigações a cumprir.

O primeiro indicador, mais abrangente, mede a proporção de passivos circulantes e não circulantes em relação ao ativo total (ou passivo total), conforme equação a seguir.

$$\text{Endividamento} = \frac{\text{PC} + \text{PNC}}{\text{Ativo total}}$$

Quanto maior o endividamento, maior a proporção de capital de terceiros e maior o risco que a empresa está exposta.

O segundo indicador, mais específico para o endividamento oneroso (empréstimos, financiamentos etc.), mede a proporção de passivos que acarretam despesas financeiras em relação ao total do ativo (ou total do passivo), conforme equação a seguir.

$$\text{End. oneroso} = \frac{\text{Emprest. e Financ circ e Não circ}}{\text{Ativo total}}$$

Quanto maior o endividamento oneroso, maior a proporção de ativos financiados por fontes que geram despesas financeiras, expondo a empresa a um maior risco.

Contudo, um maior endividamento não necessariamente indica uma situação ruim, já que a atividade das empresas depende em muitos casos de financiamento externo. Uma empresa com alto endividamento pode ter uma maior exposição a riscos, mas isso não quer dizer que não tem capacidade de cumprir com as obrigações. Para avaliar esse aspecto é necessário observar se a empresa gera resultados suficientes, conforme será exposto no próximo item.

Capacidade de honrar dívidas

As dívidas de uma empresa não são cumpridas apenas a partir do saldo de ativos. No dia a dia o que vai gerar recursos para o cumprimento das obrigações são os resultados obtidos pela operação. Por isso, a capacidade de cumprimento das dívidas pode ser analisada quanto a dois aspectos. O primeiro é a capacidade de manter o "serviço da dívida", ou seja, pagar as despesas financeiras. O outro é o pagamento do próprio valor das dívidas, ou seja, do saldo de obrigações a pagar.

Esses aspectos são medidos sobretudo em relação às obrigações onerosas, que geralmente não são integradas à operação. Assim, temos dois principais indicadores de capacidade de cumprimento das dívidas.

O primeiro, que mede a capacidade de manter o serviço da dívida, é chamado de Índice de Cobertura de Juros, e mede a relação entre o resultado operacional e as despesas financeiras.

$$ICJ = \frac{EBIT}{Despesas\ financeiras}$$

Onde:
ICJ = Índice de Cobertura de Juros.
EBIT = Lucro Antes dos Juros e Imposto de Renda ou Resultado Operacional.

Esse indicador deve apresentar valor superior a 1, mostrando que o resultado da operação é suficiente para cobrir as despesas financeiras, refletindo assim baixo risco. Quanto maior esse valor, menor o risco e maior a capacidade da empresa em contrair novas dívidas.

Quando o indicador apresentar valor inferior a 1, o risco é mais elevado, mostrando que a operação não produz resultado suficiente para cobrir as despesas financeiras. Quanto menor esse valor, maior o risco.

O segundo indicador, chamado de Alavancagem do EBITDA, é largamente utilizado por bancos e áreas de crédito para avaliar a capacidade de pagamento de empresas. Sua intenção é medir a dívida da empresa a partir do potencial de geração de caixa pela operação (EBITDA – Lucro Antes dos Juros, Impostos, Depreciação e Amortização). Para isso, relaciona o saldo da dívida líquida (Empréstimos e financiamentos subtraídos de caixa e aplicações financeiras) com o EBITDA (Resultado operacional somado à Depreciação e Amortização).

$$Alavancagem\ EBITDA = \frac{Dívida\ líquida}{EBITDA}$$

Onde:
Dívida líquida = Empréstimos e Financiamentos – Caixa e Aplicações.
EBITDA = EBIT (Resultado Operacional) + Depreciação e Amortização.

Sua interpretação é bastante ilustrativa da situação da empresa, pois, ao calcular a razão entre os dois indicadores, há um prazo estimado para que a empresa quite as dívidas utilizando o potencial de geração de caixa da operação.

Portanto, quanto menor esse indicador, menor o risco e maior a capacidade da empresa obter novas dívidas. Por outro lado, quanto maior esse indicador, maior o risco e menor a capacidade da empresa em se endividar.

A interpretação se modifica quando a dívida líquida é negativa. Nesse caso, o risco da empresa é baixo, pois as dívidas onerosas poderiam ser quitadas com o saldo atual em caixa e aplicações financeiras.

É necessário, porém certo cuidado com a interpretação desses prazos, uma vez que são apenas uma forma de mensurar a dívida da empresa. Em primeiro lugar, pois nem todo potencial de geração de caixa efetivamente se converterá em caixa pela operação (Fluxo de Caixa Operacional, como visto anteriormente). Em segundo lugar, pois a empresa poderá destinar esse caixa a outras finalidades, como investimentos em ativos de longo prazo imobilizados ou intangíveis (Fluxo de Caixa de Investimentos). Por fim, deve ser observado também o valor das despesas financeiras, que não está incluído no saldo de Empréstimos a Pagar no Passivo.

Os indicadores vistos destinam-se a permitir um diagnóstico da situação de endividamento da empresa e estimar o risco de cada empresa. Porém, não basta medir a situação por um indicador, é necessário considerar os diversos aspectos relacionados ao endividamento para construir um diagnóstico adequado, observando também a situação de empresas comparáveis e a própria evolução desses indicadores ao longo do tempo.

MARGEM, GIRO E RENTABILIDADE

Para determinar a viabilidade de uma empresa, não basta que seja obtida uma boa margem de lucro. É necessário que os investidores sejam remunerados pelo valor aplicado na constituição e expansão da empresa.

A compreensão dos fatores que afetam essa remuneração dos investidores é importante para que sejam identificados os aspectos favoráveis e desfavoráveis a influenciar a rentabilidade.

Na seção correspondente à análise da DRE vimos o cálculo e interpretação da margem líquida, que estabelece a relação entre receita e lucro, conforme ilustrado na Figura 5.

FIGURA 5 Representação da Margem líquida.

Porém, além da relação entre receita e lucro deve ser considerado o investimento realizado em ativos para viabilizar a realização das atividades da empresa, fabricação e venda de produtos. Assim, passa a ser considerado como elo na relação entre lucro e ativos o Giro do ativo, que analisa a relação entre ativos e receita, refletindo a utilização adequada desses ativos para a geração de receita, conforme Figura 6.

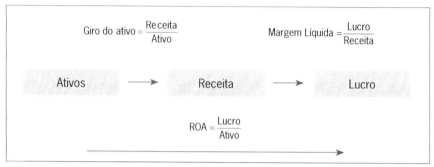

FIGURA 6 Relação entre ROA, Margem líquida e Giro do Ativo.

Note que nessa figura a relação entre Ativos e Lucro passa pela receita, e a medida de rentabilidade depende de dois diferentes elementos, o Giro do Ativo e a Margem Líquida. O retorno sobre os ativos, medida de rentabilidade sobre o investimento total em ativos na empresa é a medida de eficiência quanto ao lucro em relação ao capital aplicado. Já quando consideramos a rentabilidade para os sócios da empresa, o cálculo deve ser feito relacionando o lucro obtido com o investimento feito pelos sócios, representado pelo patrimônio líquido.

Note que na Figura 7 é possível identificar os três aspectos que afetam a rentabilidade para os sócios (ROE), ou seja, a Margem líquida, o Giro do Ativo e a Alavancagem, que relaciona o total de ativos com o capital dos sócios. Isso significa que o uso do capital de terceiros pode se destinar a elevar a rentabilidade para os sócios, desde que não provoque redução significativa do lucro pelas despesas financeiras (juros).

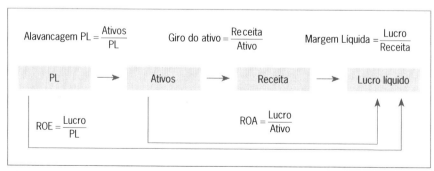

FIGURA 7 Relação entre ROE, ROA e Alavancagem.

VALUATION (AVALIAÇÃO DE AÇÕES)

Conforme descrito anteriormente, o preço das ações oscila conforme a oferta e a demanda. Contudo, essa oscilação deve ficar dentro de um intervalo de preço correspondente ao valor considerado como justo pelos investidores. Por exemplo, um investidor não pagaria um preço de R$ 100 por uma ação que tivesse um preço justo de R$ 5,00.

A busca do valor considerado como justo é o objeto de estudo da avaliação de ações, ou *valuation*, que conta com dois principais métodos para chegar ao cálculo. Um deles é a avaliação relativa, ou avaliação por múltiplos, obtida a partir da comparação com outras empresas. O outro método, mais robusto, é o fluxo de caixa descontado, em que o valor é obtido pelo valor presente dos fluxos de caixa futuros projetados.

Nenhum desses métodos atinge um valor justo único e inquestionável, até porque seu cálculo depende de diversas premissas, ou seja, parâmetros a respeito de quais empresas são de fato comparáveis e quais são as projeções para o futuro da empresa. A seguir descrevemos cada um dos métodos mencionados, mas antes é necessário definir claramente alguns conceitos relacionados ao valor de empresas e de ações.

O valor das empresas e das ações

O valor de uma empresa ou de uma ação pode ser obtido a partir de diferentes fontes e assumir diferentes perspectivas. Em primeiro lugar, podemos obter o valor contábil, presente nas demonstrações financeiras, refletindo os eventos históricos da empresa. O segundo valor é o de mercado, resultante da oferta e demanda dos investidores. O terceiro é o valor justo, conforme anteriormente descrito.

Além dessas três diferentes perspectivas, temos os valores para os acionistas e o valor total da firma. O valor para os acionistas já deduz as dívidas da empresa, enquanto o valor da firma engloba o total da empresa independente das fontes de financiamento.

Por fim, quando é calculado o valor para os acionistas, é possível obter o valor total das ações e o valor de cada ação individualmente. Por exemplo, o preço de uma ação multiplicado pela quantidade de ações resulta no valor de mercado da empresa para os acionistas, conhecido também como *Market Capitalization* ou *Market Cap*.

É importante destacar a perspectiva temporal e a fonte das informações que gera os diferentes valores de uma empresa. O valor contábil é obtido a partir das demonstrações financeiras, refletindo o registro histórico dos valores de bens, direitos e obrigações. Esse registro, no entanto, não leva em consideração as expectativas de crescimento, vantagens competitivas e outros aspectos relacionados ao potencial de geração de resultados futuros. Por esse motivo, o valor contábil pode se distanciar dos valores de mercado e justo, e geralmente não é usado como principal referência para decisão.

Já o valor de mercado é fruto de decisões tomadas no presente pelos investidores, abarcando as expectativas relacionadas ao futuro, pois ao adquirir as ações de uma empresa, os investidores se beneficiarão dos eventos posteriores. Porém, esse valor também pode apresentar distorções, devido à volatilidade do mercado e a reações exacerbadas dos investidores a eventos e notícias relacionados à economia e à empresa. Embora esse valor reflita o parâmetro para negociação das ações de empresas negociadas em bolsa, é importante considerar a possibilidade de as expectativas dos investidores não serem cumpridas, e o preço sofrer queda no futuro.

Por fim, o valor justo procura ponderar as expectativas futuras e calcular o valor considerando as projeções de fluxos de caixa futuros, exposição da empresa aos riscos, cenário econômico e a comparação com outras empresas. Embora seja constituído de cálculos, esse valor também está sujeito a incorreções, pois depende da concretização das projeções e das premissas utilizadas nesses cálculos.

O Quadro 7 sumariza os diferentes valores e sua descrição.

QUADRO 7   O valor de uma empresa em diferentes perspectivas

	Valor para os acionistas	Valor total da firma
Valor contábil	Patrimônio Líquido (PL) ou Valor patrimonial da ação = PL/ Quantidade de ações	Capital Investido = Necessidade de capital de giro + Dívida líquida
Valor de mercado	Preço da ação ou valor de mercado da empresa (*market cap*) = Preço da ação x quantidade de ações.	Valor de mercado da firma = Valor de mercado da empresa + Dívida líquida
Valor justo	Valor justo para os acionistas ou Valor justo da ação	Valor justo da firma

Avaliação por múltiplos

O método de avaliação por múltiplos parte da comparação da empresa avaliada com outras empresas semelhantes, estabelecendo uma razão entre o valor e algum indicador de desempenho. O processo se assemelha àquele usado quando se avalia um imóvel, estabelecendo o preço do metro quadrado como a razão entre o valor do imóvel e a sua área.

Suponha que uma pessoa queira saber o preço do seu imóvel, que tem área de 100 m². Ele pode observar imóveis semelhantes na região e obter a informação de que geralmente são negociados ao múltiplo de R$ 8.000/m². Com isso, poderá estimar o valor de seu imóvel em R$ 800.000 (ou seja, 100 x 8000 = 800.000).

O mesmo ocorre com a estimativa de valor das empresas, mas nesse caso os indicadores usados podem ser indicadores financeiros, como Lucro Líquido, EBITDA (Lucro Antes dos Juros, Impostos, Depreciação e Amortização), Patrimônio Líquido, Receita etc., ou indicadores operacionais, como base de clientes, capacidade produtiva, volume de transações etc.

Ao fazer a avaliação por múltiplos, o primeiro cuidado importante é selecionar empresas que de fato sejam semelhantes, ou seja, do mesmo setor de atividade e com as mesmas características de desempenho. Estimar o valor de uma empresa saudável e em crescimento baseado em múltiplos de empresas em situação financeira desfavorável não proporcionará bons resultados, pois a estimativa estará distorcida.

A seguir, é necessário selecionar o indicador a ser usado para o cálculo dos múltiplos, o que depende também da atividade da empresa, conforme detalhado no Quadro 8.

QUADRO 8   Principais múltiplos de valor de uma empresa

Múltiplo	Cálculo	Descrição
Preço-lucro (*Price-earnings*)	$P/L = \dfrac{\text{Preço da ação}}{\text{Lucro por ação}}$ $P/L = \dfrac{Market\ cap}{\text{Lucro líquido}}$	Diz o quanto a ação vale em relação ao lucro ou o quanto a empresa vale em relação ao lucro
Preço-valor patrimonial (Price to book)	$P/VPA = \dfrac{\text{Preço da ação}}{\text{Valor patrimonial ação}}$ $P/VPA = \dfrac{Market\ cap}{\text{Patrimônio líquido}}$	Diz o quanto a ação vale em relação ao seu valor contábil ou o quanto a empresa vale em relação ao PL
EV/EBITDA	$EV/EBITDA = \dfrac{Market\ cap + \text{Div. Líquida}}{\text{EBITDA}}$	Diz o quanto a firma vale em relação ao potencial de geração de caixa da operação

Índice Preço-lucro (P/L)

O índice preço-lucro (P/L) estabelece a razão entre o preço de mercado e o valor patrimonial das ações de uma empresa. Considerando que o valor de mercado reflete as expectativas futuras dos investidores, o indicador mostra o quão dispostos os investidores estão a pagar pelo resultado da empresa, esse múltiplo pode dar informações sobre o preço alto ou baixo.

Quanto maior for o preço-lucro, mais dispostos os investidores estão a pagar pelas ações da empresa, indicando um cenário mais positivo em relação ao futuro da empresa. Assim, um indicador mais elevado pode significar que o preço das ações está acima de seu valor justo, mas isso pode ocorrer devido a uma expectativa de crescimento da empresa, e consequentemente de seus lucros.

Por outro lado, um índice preço-lucro mais baixo pode indicar que os investidores não estão confiantes no futuro da empresa. Nessa situação, pode ser que os preços baixos indiquem uma oportunidade de investimento, mas é importante ressaltar que esse quadro pode ser decorrente de uma expectativa desfavorável para o futuro dos negócios da empresa.

Além das expectativas futuras, é necessário considerar a estrutura matemática do indicador, conforme equação a seguir.

$$\text{Índice P / L} = \frac{\text{Preço da ação}}{\text{Lucro por ação}} = \frac{\textit{Market cap}}{\text{Lucro Líquido}}$$

Quando o lucro da empresa é elevado, o índice preço-lucro tende a cair, e quando o lucro da empresa é baixo, o índice preço-lucro tende a ser mais alto. Por isso, além do preço das ações, ao analisar o índice preço-lucro, deve ser analisada também a situação da empresa quanto aos seus resultados.

Por exemplo, se uma empresa, que chamaremos de Empresa A, apresenta lucro por ação de R$ 4,00 e a cotação da ação é R$ 40,00, o índice preço-lucro será 40/4 = 10. Esse número indica que a ação está sendo negociada por dez vezes o lucro.

Suponha ainda que as ações da Empresa B estejam sendo negociadas por R$ 30,00 e o lucro por ação seja de R$ 6,00. Nesse caso, o índice preço-lucro será de 30/6 = 5, indicando que as ações estão sendo negociadas por 5 vezes o lucro.

Note que, as ações da Empresa A são negociadas por um índice preço-lucro maior, sugerindo que os investidores estão mais confiantes no futuro dos resultados dessa empresa. Entretanto, note que o lucro por ação da Empresa B é maior quando comparado ao valor da ação.

Um aspecto importante na aplicação desse múltiplo é o uso do lucro líquido projetado e não do lucro histórico para calcular o índice, tanto da empresa alvo quanto das outras empresas comparáveis. Com isso serão consideradas as expectativas futuras e não o desempenho histórico.

É fundamental ainda considerar que esse múltiplo não pode ser aplicado a empresas com prejuízo líquido, já que nesse caso o indicador perde o sentido.

CAPÍTULO 7 • ANÁLISE FUNDAMENTALISTA 157

Evidentemente esse aspecto também restringe a sua aplicação, pois não é possível analisar empresas em situação desfavorável ou em estágio de desenvolvimento incipiente, quando geralmente o lucro líquido não apresenta consistência.

No caso das empresas brasileiras, as altas taxas de juros, a volatilidade dos resultados financeiros e as características da tributação sobre os lucros fazem com que o lucro líquido seja relativamente volátil. Por esse motivo, embora possa ser aplicado a vários tipos de empresas, para as empresas brasileiras o indicador é mais usado em empresas do segmento de construção civil, bancos, seguradoras e outras empresas de serviços financeiros. Para essas empresas, o Lucro Líquido tem maior relevância, e por isso o índice preço-lucro tem maior aplicação.

Índice Preço-valor patrimonial (P/VPA)

Esse índice relaciona o valor de mercado da empresa para os acionistas com o valor contábil representado pelo patrimônio líquido.

Seu cálculo é efetuado por meio da razão entre o preço da ação e o valor patrimonial da ação (VPA) ou pela razão entre o valor de mercado das ações da empresa (*Market capitalization*) e o Patrimônio líquido contábil.

$$\text{Índice preço}-\text{valor patrimonial} = \frac{\text{Preço da ação}}{\text{Valor patrimonial da ação}} = \frac{\text{Market capitalization}}{\text{Patrimônio Líquido}}$$

Conforme mencionado anteriormente, o valor de mercado reflete as expectativas futuras, enquanto o valor contábil reflete os registros decorrentes dos eventos históricos.

Por isso, o índice preço-valor patrimonial é um múltiplo que permite a mensuração das expectativas futuras comparado ao patrimônio líquido contábil. Quanto maior o índice preço-valor patrimonial, maior é a proporção do valor da empresa associado ao crescimento futuro, vantagens competitivas, capital intelectual, marca e outros atributos que não se encontram registrados contabilmente.

Por outro lado, quanto menor o índice preço-valor patrimonial, menos valor está sendo atribuído aos investidores para os aspectos relacionados ao crescimento e resultados futuros.

A título de exemplo, suponha que a Empresa D possua ações negociadas ao preço de R\$ 20,00 e o valor patrimonial da ação seja de R\$ 10,00. Nesse caso, o índice preço/VPA é de 20/10 = 2, indicando que as ações valem o dobro de seu valor contábil.

Suponha agora que a Empresa E possua ações negociadas ao preço de R\$ 50,00 e que o valor patrimonial da ação seja de R\$ 15,00. Nesse caso, o índice preço/VPA é de 5/15 = 0,33, ou seja, as ações valem aproximadamente 33% de seu valor contábil.

A análise, nesse caso, sugere que os investidores acreditam que a Empresa D apresente atributos que lhe possam gerar crescimento futuro e vantagens competitivas. Enquanto isso, os investidores acreditam que a Empresa E não possua tais atributos, provavelmente estimando que essa empresa já esteja em sua maturidade, não estimando resultados favoráveis no futuro.

Para comparar diferentes empresas, é importante selecionar aquelas em situação semelhante quanto ao estágio de crescimento, vantagens competitivas, marca e outros atributos que possam levar a projeções futuras de receitas e lucros.

Sua aplicação é mais frequente em empresas do segmento financeiro, bem como outras empresas em situação financeira desfavorável, com lucro líquido e EBITDA negativos, dificultando o uso dos outros múltiplos.

Índice EV/EBITDA

O índice EV/EBITDA relaciona o valor total da firma com o EBITDA, que representa o potencial de geração de caixa da operação. Sua interpretação é similar ao do índice preço-lucro, porém seu cálculo e interpretação apresenta algumas diferenças.

A primeira é o valor de mercado usado, que não é o valor de mercado das ações, mas o valor total da firma, incluindo o capital dos sócios e o capital de terceiros.

A segunda diferença, é que o EBITDA não é apenas o lucro da empresa, mas é um indicador associado com o potencial de geração de caixa da operação. Esse é um aspecto fundamental em sua interpretação, já que o valor da empresa conceitualmente está mais associado com a capacidade da operação em gerar caixa do que com o lucro contábil.

O cálculo do múltiplo é feito conforme equação a seguir, somando-se o valor de mercado das ações à dívida líquida financeira (dívida bruta financeira subtraída de disponibilidades) e dividindo pelo EBITDA.

$$EV / EBITDA = \frac{Market\ cap + \text{Dívida líquida}}{EBITDA}$$

Suponha que uma Empresa F possua valor de mercado das ações de R$ 200 milhões, dívida líquida de R$ 40 milhões e EBITDA de R$ 20 milhões. Nesse caso, o EV/EBITDA será de (200 + 40) / 20 = 12, indicando que o valor da firma equivale a 12 vezes o potencial de geração de caixa da operação.

Enquanto isso, considere que a Empresa G possua valor de mercado das ações de R$ 40 milhões, dívida líquida de R$ 20 milhões e EBITDA de R$ 10 milhões. O EV/EBITDA será de (40 + 20) / 10 = 6, indicando que a firma vale seis vezes o potencial de geração de caixa da operação.

Assim como no índice preço-lucro, a interpretação inicial é que a Empresa F é mais valorizada que a Empresa G. Isso pode ocorrer pois as ações da Empresa F de fato estão mais "caras" ou pelas expectativas de crescimento futuro.

Quanto à aplicação prática, é recomendado o uso do EBITDA projetado para os próximos 12 meses ou para o próximo período fiscal, justamente por proporcionar uma visão mais associada ao futuro da empresa.

No Brasil, esse múltiplo apresenta ampla aplicação prática, sendo em muitos casos o preferido pelos analistas para empresas de segmentos industriais, de serviços não financeiros, empresa varejistas e outras. De forma geral, é importante avaliar se a empresa possui o EBITDA como um indicador válido para identificar o desempenho.

Por exemplo, empresas dos segmentos de varejo e indústria utilizam o EBITDA como um importante parâmetro para o atingimento de metas e objetivos de curto prazo. Por isso, para essas empresas o múltiplo EV/EBITDA é aplicável. Já empresas do segmento de construção civil, por exemplo, não consideram esse indicador com a mesma importância, por isso o múltiplo mais adequado para essas empresas é o preço-lucro.

Outros múltiplos

Para outras empresas em situação financeira desfavorável, com EBITDA negativo ou Lucro Líquido negativo, costuma-se utilizar a Receita de vendas e prestação de serviços, ou outros indicadores operacionais, como volume de negócios e capacidade produtiva.

Como indicador adicional, em todos os casos acima, podemos utilizar também indicadores operacionais, específicos de cada negócio, por exemplo, a capacidade de extração de petróleo em milhares de barris por dia, para uma empresa desse segmento.

Uso dos múltiplos

Para fazer uso dos múltiplos, em primeiro lugar, seleciona-se empresas comparáveis, ou recorre-se a um relatório de ações emitido por bancos, corretoras e empresas especializadas em análise.

A seguir, compara-se com a empresa alvo. Caso o múltiplo da empresa analisada for superior ao das empresas comparáveis, há indícios de que as ações da empresa estejam sobreavaliadas, ou seja, caras. Por outro lado, se o múltiplo da empresa analisada for inferior ao das empresas comparáveis, há indícios de que as ações da empresa estejam baratas, ou seja, subavaliadas.

Suponha que sejam divulgados os múltiplos de EBITDA de seis empresas de determinado setor, conforme Quadro 9.

QUADRO 9 Exemplos de múltiplos de EBITDA

Empresa	EV/EBITDA
A	10,6
B	14,6
C	9,3
D	19,9
E	7,3
F	15,8
Média do setor	11,2

Os dados sugerem que a empresa D pode estar sobreavaliada, pois seu múltiplo é o maior entre todas as empresas, além de estar acima da média. Já a empresa E parece estar subavaliada, pois seu múltiplo está abaixo da média.

No entanto, apenas esses dados não são suficientes para obter uma conclusão final, por algumas razões. Em primeiro lugar, o resultado obtido pelas empresas pode ser decorrente de eventos específicos ocorridos no período, não correspondendo ao padrão de desempenho esperado para as empresas. Além disso, a empresa D, por exemplo, pode ter um múltiplo superior devido à maior eficiência em outros aspectos relacionados à geração de caixa ou ao maior potencial de crescimento no futuro. Isso justificaria o fato de apresentar um múltiplo mais elevado.

Nota-se que a avaliação por múltiplos é simples e pode ser rapidamente efetuada. No entanto, seus pressupostos são predominantemente externos, não considerando as peculiaridades de cada empresa.

É importante lembrar que os indicadores relacionados com o desempenho do negócio, como o EBITDA, Receita e os indicadores operacionais, não são afetados pela estrutura de capital. Por esse motivo estarão relacionados com o valor da firma.

Já os indicadores afetados pela estrutura de capital, como o Lucro Líquido e o Patrimônio Líquido, estarão relacionados com o valor para os acionistas.

Fluxo de caixa descontado

O método do Fluxo de Caixa Descontado (FCD), conhecido também como Discounted Cash Flow (DCF) é o mais consagrado método de avaliação de empresas e ações. Ao contrário do método de múltiplos, o valor é calculado a partir de projeções da própria empresa.

Seu pressuposto é que o valor da empresa é equivalente ao valor presente dos fluxos de caixa futuros, descontado por uma taxa que reflete o custo de capital da empresa. Os fluxos de caixa representam os recursos líquidos a serem gerados pela empresa após o pagamento de todos os custos, despesas e investimentos necessários ao crescimento. O fato de descontar os fluxos é devido à necessidade de remunerar o investimento pelo tempo decorrido, já que ao aguardar para obter o retorno, o investidor deve ter uma remuneração do capital aplicado.

A fórmula a seguir representa de forma simplificada o cálculo do valor justo da firma pelo método do fluxo de caixa descontado.

$$\text{Valor firma} = \frac{\text{FCLE}_1}{\left(1+\text{wacc}\right)^1} + \frac{\text{FCLE}_2}{\left(1+\text{wacc}\right)^2} + \frac{\text{FCLE}_3}{\left(1+\text{wacc}\right)^3} + ... + \frac{\text{FCLE}_n}{\left(1+\text{wacc}\right)^n} + \infty$$

Onde:
FCLE: Fluxo de caixa livre da empresa.
WACC: *Weighted average cost of capital* ou Custo médio ponderado de capital.

Para a aplicação prática do método são necessárias algumas etapas, conforme descrito a seguir.

1. Projetar os fluxos de caixa livres da empresa.
2. Estimar o custo de capital (WACC).
3. Estimar o valor da perpetuidade.
4. Calcular o valor da firma, que é o valor presente dos fluxos de caixa somado ao valor presente da perpetuidade.
5. Calcular o valor para os acionistas e o valor por ação.

Projeção dos fluxos de caixa livres da empresa

A projeção dos fluxos de caixa deve contar, inicialmente, com a análise profunda do histórico de desempenho da empresa, buscando compreender os fatores que influenciam o seu desempenho, por exemplo:

- Direcionadores da receita e do volume de atividade.
- Relação entre volume de atividade ou receita e custos e despesas.
- Relação entre volume de atividade ou receita e os componentes da NCG.
- Relação entre volume de atividade ou receita e ativos imobilizados e intangíveis.

A seguir, deverá ser projetada a receita, custos, despesas, itens componentes da NCG, ativos imobilizados e intangíveis, a partir da expectativa de evolução dos direcionadores da receita e do plano de negócios da empresa.

162 MERCADO DE CAPITAIS E BOLSA DE VALORES

Geralmente o resultado dessas estimativas permite a montagem das demonstrações financeiras projetadas para os próximos anos, e a partir dessas demonstrações é extraído o fluxo de caixa livre da empresa ou o fluxo de caixa livre para os acionistas, dependendo do caso.

Para a maior parte das empresas, é calculado o valor a partir do fluxo de caixa livre da empresa, enquanto para bancos, seguradoras e outras empresas em situações específicas é calculado a partir do fluxo de caixa livre para os acionistas. Como o objetivo deste capítulo é proporcionar uma visão geral do processo, será utilizado o fluxo de caixa livre da empresa.

Esse indicador representa o caixa disponível a cada período para remunerar os credores e sócios, sendo obtido após a dedução de todas as projeções de custos, despesas, investimentos em capital de giro, investimentos em ativos imobilizados e intangíveis e impostos.

O Quadro 10 apresenta a demonstração do cálculo do fluxo de caixa livre da empresa.

QUADRO 10 Estrutura do fluxo de caixa livre da empresa

Itens projetados	Cálculo dos itens projetados
EBIT (Resultado operacional)	Receita – custos dos bens vendidos – despesas operacionais
(-) Imposto de renda (IR) e contribuição social (CSLL)	EBIT x Alíquota de IR e CSLL
(+) Depreciação e amortização	Projeção das despesas de depreciação e amortização
(-) Capex (Capital Expenditures)	Investimentos adicionais em ativos imobilizados e intangíveis imobilizado e intangível$_p$ – imobilizado e intangível$_{p-1}$
(-) Investimento em capital de giro	Investimentos adicionais em capital de giro NIG$_p$ - NIG$_{p-1}$
(=) FCLE	A soma dos itens anteriores é o fluxo de caixa livre da empresa

Estimativa do custo de capital

O custo de capital usado como taxa de desconto para os fluxos de caixa livres da empresa é o WACC (*Weighted Average Cost of Capital*, ou Custo Médio Ponderado de Capital). Essa taxa representa a média entre o custo de capital dos sócios (ke) e o custo de capital de terceiros (kd), indicando, portanto, o retorno médio requerido pelos investidores para aplicar recursos na empresa.

A fórmula a seguir representa o cálculo do WACC.

$$WACC = kd\,(1 - T)\,D\% + keE\%$$

Onde:
kd: custo de capital de terceiros.
ke: custo de capital dos sócios ou acionistas.
D%: proporção de dívida na estrutura de capital.

E%: proporção de capital dos sócios na estrutura de capital.
T: alíquota de tributos sobre o lucro.

Para obter o WACC é necessário determinar os parâmetros acima. São descritos brevemente cada um deles a seguir.

O **custo de capital de terceiros** corresponde ao retorno requerido pelos credores, que pode ser medido por meio das taxas de juros pagas pela empresa nas linhas de crédito que possui atualmente. Na prática, essa taxa pode ser obtida de algumas maneiras diferentes:

- Taxa de juros dos *Bonds* emitidos pela empresa.
- Taxa de juros dos *Bonds* de empresas comparáveis.
- Taxa média de juros das dívidas atuais da empresa, considerando os indexadores (IPCA, CDI, Selic etc.) projetados.

O **custo de capital dos sócios** corresponde ao retorno requerido pelos acionistas. Pelo fato de não haver uma remuneração previamente definida, já que os resultados dependem do desempenho da empresa, o retorno requerido é estimado pelo modelo CAPM (*Capital Assets Pricing Model*, ou Modelo de Precificação de Ativos de Capital).

Esse modelo considera que o retorno requerido pelos acionistas parte de um mínimo definido como taxa livre de risco (r_f), que é a remuneração de um ativo sem risco. Então é somado o prêmio de risco de mercado ($r_m - r_f$), que corresponde ao retorno incremental ao se investir em uma carteira de mercado. Esse prêmio é multiplicado pelo beta (β) das ações da empresa, que corresponde à sensibilidade do retorno das ações da empresa às variações no retorno da carteira de mercado. A equação a seguir mostra a formulação básica do modelo CAPM.

$$k_e = r_f + \beta \, (r_m - r_f)$$

Na prática, no processo de avaliação de empresas no Brasil, é frequente utilizar os parâmetros estrangeiros, visando maior estabilidade do cálculo. Por esse motivo, é adicionado o risco país, representado pelo indicador EMBI Brasil (*Emerging Markets Bonds Index*), que por sua vez corresponde ao diferencial de retorno dos títulos brasileiros em moeda estrangeira em relação aos títulos norte-americanos.

O cálculo do CAPM para empresas brasileiras é feito então pela fórmula a seguir.

$$k_e USD = r_f + \beta(r_m - r_f) + \text{Risco país}$$

Como premissas para o cálculo, as seguintes variáveis são utilizadas:

- r_f: a taxa livre de risco usada é o rendimento dos títulos norte-americanos de 10 anos, chamados de *Treasury Bonds*.
- $r_m - r_f$: o prêmio de risco de mercado utilizado é o diferencial de retorno das ações americanas em relação aos *Treasury Bonds*.
- β: o beta das ações da empresa é medido pela sensibilidade dos retornos das ações da empresa em relação ao retorno da carteira de mercado.
- Risco país: o risco país é medido pelo indicador EMBI Brasil.

É importante lembrar que como o retorno requerido pelos acionistas é calculado em moeda estrangeira, é necessário efetuar a conversão para moeda local, utilizando o diferencial de inflação. Esse cálculo considera a projeção de inflação em moeda local e a projeção de inflação dos Estados Unidos, de acordo com a equação a seguir.

$$k_e BRL = \left(1 + K_e USD\right) \frac{\left(1 + \inf lação_{BRL}\right)}{\left(1 + \inf lação_{USD}\right)} - 1$$

Quanto à **estrutura de capital**, para efeito do processo de avaliação, considera-se como capital de terceiros, ou dívida, o valor da dívida líquida. E o capital dos sócios é representado pelo Patrimônio Líquido, valor contábil, ou *Market Capitalization*, valor de mercado (Quadro 11).

QUADRO 11   Estrutura de capital para o cálculo do WACC

Item da estrutura	Valor a ser considerado	Proporção na estrutura de capital
Dívida (D)	Dívida líquida	$D\% = \dfrac{D}{D + E}$
Capital dos sócios (E)	Patrimônio líquido ou *Market Capitalization*	$E\% = \dfrac{E}{D + E}$

Perpetuidade ou Valor Terminal

As projeções dos fluxos de caixa são naturalmente limitadas à capacidade de projeção de indicadores operacionais, econômicos e outros que podem direcionar o volume de atividade e a receita da empresa. Esse limite, geralmente entre cinco e dez anos, é denominado horizonte de projeção. Porém, ao avaliar uma empresa, supõe-se que a atividade prossiga além desse horizonte, continuando a gerar fluxos de caixa.

Por esse motivo, a abordagem mais utilizada para estimar o valor decorrente desses fluxos futuros além do horizonte é o modelo do crescimento constante. Por essa hipótese, considera-se que a empresa tenha fluxos projetados crescentes ou constantes até a perpetuidade, ou seja, até o infinito.

Essa hipótese pode parecer um pouco exagerada, mas para evitar que esse período promova um aumento no valor justo da empresa, é frequente limitar o crescimento à projeção de crescimento da economia no longo prazo. Ou seja, apesar da empresa poder crescer mais do que a economia após o horizonte de projeção, considera-se que esse crescimento fique limitado.

Para obter o cálculo do valor decorrente da perpetuidade, utiliza-se a fórmula a seguir.

$$\text{Perpetuidade ou valor terminal} = \frac{FCLE_n (1+g)}{wacc - g}$$

Onde:

$FCLE_n$: último fluxo de caixa projetado.

g: taxa de crescimento na perpetuidade, limitado à taxa de crescimento da economia no longo prazo.

WACC: custo médio ponderado de capital.

Valor justo da firma

A penúltima etapa para a apuração do valor justo das ações é o cálculo do valor presente dos fluxos de caixa e da perpetuidade, considerando o WACC como taxa de desconto, obtendo o Valor da Firma, conforme equação a seguir.

$$\text{Valor firma} = \frac{FCLE_1}{(1+wacc)^1} + \frac{FCLE_2}{(1+wacc)^2} + \ldots + \frac{FCLE_n}{(1+wacc)^n} + \frac{\text{Perpetuidade}}{(1+wacc)^n}$$

Valor justo para os acionistas e valor justo da ação

Após o cálculo do valor da firma, deve-se deduzir a dívida líquida, para obter o valor justo para os acionistas. A lógica é que o valor da firma representa o valor justo do negócio independente da estrutura de capital. Para obter o valor dos acionistas, subtrai-se a dívida, conforme equação a seguir.

Valor justo para os acionistas = Valor da firma – Dívida líquida

Ao final, o valor para os acionistas é dividido pela quantidade de ações para obter o valor justo por ação.

$$\text{Valor justo da ação} = \frac{\text{Valor justo para os acionistas}}{\text{Quantidade de ações}}$$

O valor justo da ação pode ser comparado com o valor de mercado, e se o valor justo for superior ao valor de mercado, estima-se que a ação esteja subavaliada. Por outro lado, se o valor justo for inferior ao valor de mercado, estima-se que a ação esteja sobreavaliada.

Considerações a respeito do modelo Fluxo de Caixa Descontado

Conforme pode ser observado, o método possui diversas etapas e conta com o uso de diversas informações. Por esse motivo, é necessário muito cuidado com as informações, com a finalidade de obter uma avaliação consistente.

Mesmo assim, o valor justo da ação representa apenas uma estimativa, condicionada à realização das projeções consideradas para o cálculo. Portanto, a decisão de investimento baseada na avaliação da ação deve incluir alguns riscos. O primeiro é o risco de não concretização das projeções, já que ao longo do tempo as variáveis podem se comportar de forma distinta ao previsto.

O segundo risco está associado à chamada eficiência dos mercados. Embora a empresa apresente resultados (favoráveis ou não) ao longo do tempo, é possível que esses não afetem o preço das ações. Isso pode ocorrer porque os investidores podem manter uma referência de preço discrepante do resultado do valor justo, mantendo equilibrada a relação entre oferta e demanda e não alterando o preço.

8

Análise Técnica e Tape Reading

A análise técnica, conhecida também como análise gráfica, é a abordagem que se baseia na tendência de evolução dos preços dos ativos ao longo do tempo, que por sua vez decorre das movimentações de compra e venda por parte dos investidores. Por isso, essa abordagem procura identificar as tendências de evolução futura dos preços dos ativos para determinar as melhores decisões de compra ou venda.

Comparando a análise técnica com a análise fundamentalista tratada no capítulo anterior, é nítida a diferença em relação ao volume de informações a ser processado para a decisão de investimento. Enquanto na análise fundamentalista é preciso considerar as demonstrações financeiras, as informações econômicas, aspectos estratégicos, e a governança corporativa; na análise técnica as informações se restringem a alguns elementos, como a tendência dos preços, o volume de negociação e os agentes envolvidos nas transações.

Além disso, as movimentações de preço observadas pela análise técnica podem deixar muito mais claras as tendências de curto prazo, atendendo aos investidores interessados em realizar ganhos no curto prazo.

Por esses motivos, a análise técnica tem ganhado importância entre os investidores, tanto pelo menor volume de informações a ser processado quanto pelo seu potencial em auxiliar na obtenção de lucros no curto prazo.

Entretanto, a análise técnica dispõe de diversas ferramentas e indicadores para identificar as tendências de preço. Alguns chegam a separar a análise técnica da análise gráfica, classificando a análise técnica como aquela mais voltada para indicadores, cálculos matemáticos e médias móveis; enquanto a análise gráfica estaria mais voltada ao comportamento dos preços e à tendência de comportamento dos investidores.

Neste capítulo serão abordadas alguns dos principais conceitos e técnicas usadas pelos investidores, a partir dos indicadores, gráficos e demais elementos. Será abordada também a análise de fluxo, chamada também de *Tape Reading*, que não se enquadra exatamente como Análise Técnica, mas também parte da análise do comportamento dos preços.

HISTÓRIA DA ANÁLISE TÉCNICA

Os relatos do uso da análise técnica aplicada ao mercado financeiro no Ocidente têm início no mundo ocidental com os editoriais publicados por Charles H. Dow no Wall Street Journal dos Estados Unidos. Nessas publicações, o autor observava o comportamento dos preços no longo prazo e se dedicava a identificar a amplitude e duração das tendências, até que fossem revertidas.

Posteriormente, Robert Rhea escreveu em 1932 o livro chamado "The Dow Theory" (A Teoria de Dow) a partir da organização da produção elaborada por Charles Dow. A década de 30 foi rica na aplicação e produção de mais estudos relacionados à análise técnica.

Pode ser citada, por exemplo, a teoria desenvolvida por Ralph Nelson Elliott, a respeito das ondas em que os preços se movimentam, de forma semelhante a outros ciclos da natureza, como as marés, os planetas e o dia e a noite. O chamado Princípio da Onda "The Wave Principle", conhecido popularmente como "as ondas de Elliott" tem aplicações até os dias atuais na análise técnica, embora seus pressupostos sejam relativamente complexos.

No oriente, para acompanhar os preços do mercado de arroz, surgiram no século XVIII elementos da análise técnica, como as figuras precursoras dos "*candlesticks*" e sua interpretação. Esses elementos ficaram desconhecidos do mundo ocidental até o século XX, quando passaram a ser usados também nos Estados Unidos e no restante do mundo ocidental.

REPRESENTAÇÃO DOS PREÇOS NOS GRÁFICOS

Embora a análise técnica utilize diferentes indicadores, os gráficos de preços são a principal fonte de dados e constitui a principal ferramenta de trabalho para o analista. Esses gráficos demonstram a evolução dos preços de um dado ativo ao longo do tempo, por meio de linhas, barras e *candlesticks*.

Gráficos de linha

Os gráficos de linha contêm a representação mais simples da evolução do preço do ativo, mostrando apenas o preço ao longo do tempo, conforme pode ser observado no Gráfico 1, que contém a evolução do preço da ação de 2019 a 2022.

Gráficos de barras

Diferente dos gráficos de linhas, que em cada ponto contém apenas o preço da ação, nos gráficos de barras são exibidos quatro diferentes preços em cada período: abertura, fechamento, máximo e mínimo. A estrutura do gráfico de barras contém, em cada ponto as informações conforme a Figura 1. O traço horizontal à direita representa o fechamento, enquanto o traço à direita representa a abertura. Portanto, quando o traço horizontal da direita está acima do da esquerda, o ponto indica uma alta no preço no período.

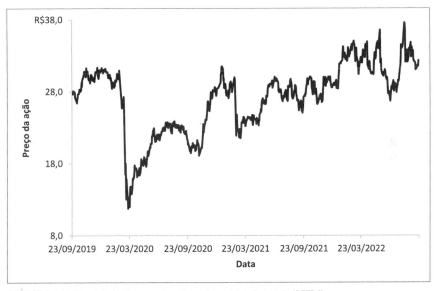

GRÁFICO 1   Gráfico de linha do preço da ação preferencial da Petrobrás (PETR4)

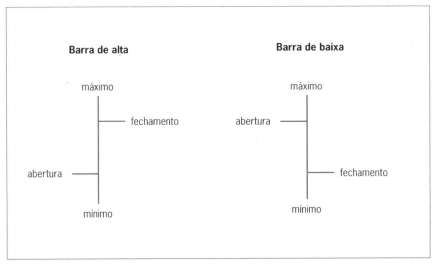

FIGURA 1   Elementos dos gráficos de barra.

O Gráfico 2 mostra o preço das ações da Petrobrás (PETR4) com o uso do gráfico de barras no período de abril a setembro de 2022. Note que nesse caso foi usada a cor cinza claro para representar as barras de alta e cinza mais escuro barra de baixa.

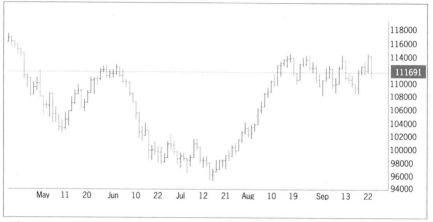

GRÁFICO 2   Gráfico de barras das ações preferenciais da Petrobrás (PETR4).

Gráficos de *candlestick*

Os gráficos de *candlestick*, ou velas, que oferece as mesmas informações que os gráficos de barras, porém em uma estrutura um pouco diferente, conforme pode ser observado na Figura 2.

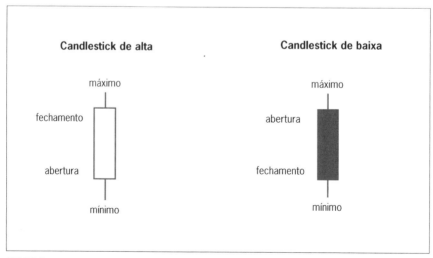

FIGURA 2   Elementos do gráfico de *candlestick* ou vela.

CAPÍTULO 8 • ANÁLISE TÉCNICA E TAPE READING   171

Nesse tipo de gráfico, o retângulo central vertical é chamado de corpo, enquanto as linhas verticais acima e abaixo são chamadas de sobras (ou pavios). A distinção entre os *candlesticks* de alta e de baixa se dá pelo preenchimento do corpo em branco para alta e preto para baixa.

O exemplo a seguir contém a evolução do preço das ações preferenciais da Petrobrás (PETR4) no mesmo período anterior com uso do gráfico de *candlestick*.

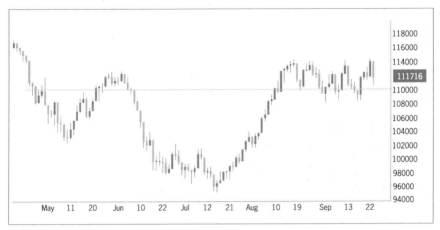

GRÁFICO 3   Gráfico de candlestick das ações preferenciais da Petrobrás (PETR4).

Mais adiante apresentaremos uma seção específica a respeito da leitura dos *candlesticks*, já que essa técnica pode ser muito adequada para identificar o comportamento dos preços e as possíveis tendências e reversão dos preços.

Referência temporal dos gráficos

Na exibição dos gráficos, cada ponto ou período pode ser de minutos, horas, dias ou meses. Um gráfico com referência de um minuto conterá, em cada ponto, a evolução de preço dentro de cada minuto em que o ativo foi negociado, com abertura, fechamento, mínimo e máximo no período. Se a referência for de uma semana, por exemplo, cada ponto do gráfico conterá as mesmas informações referentes a cada semana de negociação.

A referência temporal deve ser ajustada de acordo com os objetivos de análise e o tipo de operação desejada pelo investidor. As oscilações a cada minuto ou mesmo ao longo de um dia podem ser muito intensas, devido às notícias divulgadas, liquidez do ativo e possíveis desequilíbrios entre oferta e demanda. Por isso, um investidor que deseja realizar operações de curta duração (*day trade*) poderá utilizar gráficos de alguns minutos até uma hora, com o objetivo de capturar as oscilações ao longo do dia.

172 MERCADO DE CAPITAIS E BOLSA DE VALORES

Já um investidor que deseja realizar operações com maior prazo, provavelmente não verá utilidade em observar a evolução do preço a cada minuto ou a cada hora, podendo então preferir gráficos com referência a cada dia ou mesmo a cada semana.

FUNDAMENTOS DA ANÁLISE TÉCNICA

A análise técnica não se baseia simplesmente na observação dos gráficos. A identificação de tendências e sua relação com o comportamento dos investidores está relacionada com alguns conceitos importantes, que foram inicialmente introduzidos por Charles Dow, que no século XIX divulgou diversos artigos a respeito de suas ideias sobre o mercado de ações. Esse conjunto de ideias ficou conhecido como Teoria de Dow, que se resume em seis princípios que sustentam a análise técnica. A seguir são descritos brevemente esses princípios.

1. Os preços já descontam tudo
Esse princípio indica que as informações disponíveis no mercado, como resultados das empresas, notícias e outros já estão refletidos nos preços dos ativos. Além disso, novas informações, eventos e expectativas são incorporados aos preços, promovendo sua queda ou alta. Com isso, os preços já consideram tudo o que se sabe sobre os ativos e sobre o que era previsto ou esperado, desde que possa afetar os preços no futuro.

2. O mercado se move em ondas e apresenta três tendências principais
As tendências são um elemento importante na teoria, existindo três tendências: a primária, de longo prazo (mais duradoura, de 1 a vários anos), a secundária, de médio prazo (de duração intermediária, de 3 semanas a 3 meses) e a terciária (de curto prazo, com menos de 3 meses).

3. As tendências possuem três fases
Considerando os diferentes perfis de investidores, ao longo de uma tendência de alta, há inicialmente a fase de **acumulação**, quando alguns investidores bem-informados começam a tomar decisões de compra devido aos sinais de distorção dos preços ou sinais favoráveis no cenário econômico. A segunda fase é a de **alta sensível**, em que os preços se elevam de forma estável. A terceira fase é a de **euforia**, quando há uma grande quantidade de investidores confiantes na alta, elevando os preços rapidamente.

A fase de euforia pode dar início à tendência de baixa, que se inicia com a fase de **distribuição**, quando investidores bem-informados percebem que os preços atingiram o máximo, com leve queda nos preços. A fase seguinte é a de

liquidação ou pânico, quando o número de vendedores aumenta muito, promovendo forte queda nos preços. Em seguida vem a **desaceleração**, caracterizada pelas vendas graduais de investidores que aos poucos desistem de manter os ativos em suas carteiras.

4. Definição de tendência

Uma tendência de evolução de preços é caracterizada pelo comportamento dos preços ao longo do tempo. Assim, uma tendência de alta é marcada por uma sucessão de topos e fundos consecutivamente mais altos. Ou seja, em uma tendência de alta, o preço consegue atingir um máximo superior ao anterior e as correções também são superiores às anteriores. A Figura 3 ilustra a evolução de preços em uma tendência de alta. Note que os topos (preços máximos) são crescentes ao longo do tempo.

FIGURA 3   Tendência de alta em um gráfico de linha

Por outro lado, em uma tendência de baixa, os topos e fundos são consecutivamente mais baixos. Ou seja, em uma tendência de baixa, o preço atinge um mínimo inferior ao anterior (Figura 4).

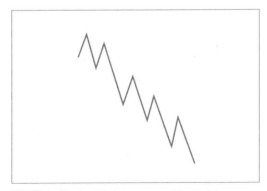

FIGURA 4   Tendência de baixa em um gráfico de linha

A confirmação de uma tendência se dá quando os preços conseguem atingir preços superiores ao de um antigo topo, no caso de uma tendência de alta, e quando os preços conseguem atingir preços inferiores ao de um antigo fundo, no caso de uma tendência de baixa.

5. O volume deve confirmar a tendência

Pela Teoria de Dow, o volume está relacionado com as tendências, confirmando o movimento. Em uma tendência de alta, espera-se que o volume aumente conforme a valorização dos ativos, e que diminua quando os ativos têm queda momentânea no preço.

Por outro lado, em uma tendência de baixa, espera-se que o volume aumente conforme a desvalorização dos ativos, e que diminua quando os ativos têm valorização momentânea.

6. As tendências continuam até que surja um sinal de reversão

Há duas maneiras para que uma tendência apresente reversão. A primeira é quando os preços não conseguem atingir um novo topo superior ao anterior, passando a estabelecer uma tendência de baixa assim que atingem um preço mínimo inferior ao anterior. Nesse caso, o último tipo é inferior ao penúltimo, e o próximo fundo será também inferior ao último, caracterizando a tendência de baixa.

Na segunda maneira de caracterizar uma reversão, os preços estabelecem um novo fundo, e em seguida falham em romper o último topo, muitas vezes deixando um topo no mesmo nível, para então romperem o último fundo.

A partir desses conceitos, é possível observar as tendências de preços nos gráficos, identificando padrões de alta, baixa e reversão. Os itens a seguir representam recursos utilizados pela análise técnica para identificar tais padrões.

Suportes e resistências

O suporte representa um nível no qual os preços tendem a se manter superiores. Isso ocorre porque nesse nível de preço, os participantes do mercado, por uma série de razões, têm a tendência de comprar, fazendo com que os preços não caiam abaixo desse nível.

Já a resistência é o oposto, representando um nível no qual os preços tendem a se manter inferiores. Isso ocorre porque os participantes do mercado tendem a vender o ativo, fazendo com que os preços não consigam ultrapassar esse nível.

Os níveis de suporte situam-se abaixo do nível atual de preços, enquanto os de resistência situam-se acima do nível atual de preços.

Quanto maior a quantidade de topos ou fundos que se aproximam do nível de preços correspondente ao suporte ou à resistência, mais importante se torna essa barreira, ou seja, mais difícil se torna o evento do preço ultrapassar a resistência ou ficar abaixo do suporte.

Uma vez ultrapassados os níveis de suporte ou resistência, passam a exercer influência oposta, ou seja, uma antiga resistência pode se tornar um suporte e vice-versa.

Tendências e retas

A identificação das tendências é um dos recursos mais utilizados na análise técnica. Conforme visto anteriormente, a tendência de alta é caracterizada por topos e fundos ascendentes, enquanto a tendência de baixa é caracterizada por topos e fundos descendentes.

Com a finalidade de identificar o rumo de uma tendência, podem ser traçadas as chamadas retas de tendência. Para traçar uma reta de tendência, basta unir com uma reta os fundos das reações, no caso de uma tendência de alta, ou os picos das reações no caso de uma tendência de baixa.

A confiabilidade da tendência definida pela reta é proporcional à quantidade de pontos (picos ou fundos) disponíveis para o traçado da reta.

A tendência pode ser revertida quando ocorrer uma das seguintes situações:

A. A linha de tendência é penetrada, tanto pelo topo quanto pelo fundo.
B. Um determinado topo da tendência não consegue ultrapassar o nível do último.

Muitas vezes, quando uma reta é rompida, os preços voltam a se aproximar dela, num movimento que geralmente coincide com a primeira reação de tendência anterior, e a antiga reta passa a exercer influência oposta (de suporte ou resistência). Esse movimento é chamado de *pullback*, e acaba confirmando a importância da reta como suporte ou resistência.

Indicadores

Os indicadores de análise técnica podem ser de dois tipos diferentes. O primeiro é representado pelos rastreadores de tendências, que tem como principais indicadores as médias móveis. Esses indicadores são usados para identificar reversões de tendência de longo prazo, funcionando muito bem quando o mercado está em uma tendência definida. O segundo tipo de indicador é representado pelos osciladores, que visam identificar as mudanças na direção dos movimentos secundários, ou seja, aqueles que ocorrem em prazos mais curtos, como uma correção, ao longo de uma tendência.

Seja qual for o tipo de indicador, seu uso se restringe ao fornecimento de sinais que auxiliam o analista no processo decisório, como complemento à análise técnica. Contudo, os indicadores não são isoladamente suficientes para sustentar as decisões do analista.

Médias móveis

As **médias móveis** são indicadores de tendência largamente utilizados, e se destinam a indicar a mudança ou reversão da tendência, permitindo ao analista a captura dos grandes movimentos. Seu cálculo é feito somando os preços dos últimos períodos e dividindo pela quantidade de períodos. Para mostrar a evolução da média móvel, em um período subsequente, acrescenta-se o novo período e exclui-se o primeiro, obtendo então um novo ponto.

As médias móveis podem ser calculadas para tantos períodos quanto se quiser, mas é importante lembrar que quanto maior a quantidade de períodos, menor será a influência de um último movimento ocorrido, apresentando menor oscilação ao longo do tempo. Portanto, a quantidade de períodos deve estar associada ao horizonte em que se deseja observar o comportamento dos preços.

O Gráfico 4 apresenta preços da ação GGBR4 ao longo de vários dias. A linha mais estável no centro do gráfico representa a média de 200 dias. Note que a linha apresenta maior estabilidade em relação aos preços. Já a linha em que acompanha os preços, que representa a média de 9 dias, fica mais próxima dos preços, apresentando maior oscilação ao longo dos dias.

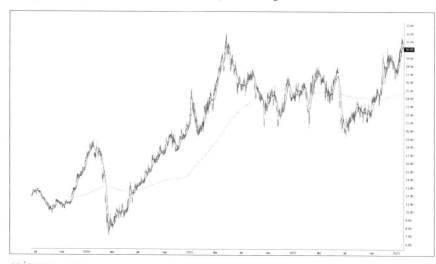

GRÁFICO 4   Gráfico de preços com médias móveis de 9 e 200 dias.

Na análise técnica, observa-se que os preços dos ativos tendem a oscilar em torno das médias móveis. Se o preço de um ativo aumenta, distanciando-se da média, a tendência é que esse preço retorne à média. Isso pode ocorrer pelo deslocamento da média graças a uma tendência muito intensa, ou pela correção do preço, ou seja, pela sua queda até o nível da média.

O oposto também ocorre quando o preço de um ativo cai, ficando abaixo da média. A tendência é que a média gradativamente se aproxime do preço, ou que esse preço sofra correção, apresentando altas que façam com que se junte à média.

Preço médio ponderado pelo volume (VWAP)

Os gráficos de *candlesticks* apresentam, em cada período, os preços de abertura, fechamento, máximo e mínimo. No entanto, ao longo de um período podem ocorrer transações com maiores volumes, que tornam os preços mais representativos. Para refletir essa maior representatividade das transações mais volumosas, é calculado o preço médio ponderado pelo volume (*Volume Weighted Average Price* – VWAP). O VWAP, como é conhecido, mostra uma tendência mais assertiva, pelo fato de levar em consideração o volume de negociação.

Nas estratégias de negociação, o VWAP é observado como uma tendência mais forte do preço, já que representa o preço com que o ativo foi negociado com maior liquidez. Esse aspecto, inclusive, apresenta alinhamento com a Teoria de Dow, que diz que o volume acompanha a tendência.

Médias móveis exponenciais (MME)

Para analisar a tendência de preços, os fechamentos mais recentes podem ser mais relevantes. Para atender a essa necessidade, são calculadas as médias móveis balanceadas, que são a base das médias móveis exponenciais (MME).

As MMEs são um tipo de média móvel balanceada, em que os preços antigos perdem peso gradativamente, representando um rastreador de tendências melhor do que a média móvel simples.

Os sistemas e plataformas de análise técnica calculam automaticamente a MME. Porém, apenas para efeito ilustrativo, segue o cálculo do indicador:

$$MME = \left(F - MME_a\right) \times \frac{2}{n+1} + MME_a$$

Onde:
MME: Média móvel exponencial do período atual.
MME_a: Média móvel exponencial do período anterior.
F: Fechamento do período atual.
n: Número de períodos da média móvel exponencial.

MACD – Convergência e divergência de médias móveis

O indicador MACD representa a diferença entre duas médias móveis, uma curta e uma longa. Essa diferença é suavizada por uma MME mais curta, chamada de linha de sinal ou gatilho.

Quando o mercado está em tendência de alta, a linha do MACD (diferença entre as médias) é igual ou maior do que alinha de sinal. Especificamente, o mercado inicia essa tendência quando a linha do MACD cruza a linha de sinal. Em uma tendência de baixa, a linha do MACD é inferior à linha de sinal.

A razão dessa interpretação é porque à medida que os preços sobem, as duas médias móveis iniciais se separam, elevando sua diferença, mostrando assim que os preços mais recentes são muito mais elevados que os preços mais antigos.

Por outro lado, quando os preços iniciam a tendência de queda, as médias móveis ficam mais próximas, até que se cruzem, indicando a reversão.

Índice de Força Relativa (IFR)

Esse indicador mede a aceleração de um movimento de alta ou queda, fornecendo indicações na medida que o movimento diminui a velocidade. Para medir a aceleração é utilizado o conceito de Força Relativa (FR), calculado pela razão entre as oscilações de alta e as oscilações de baixa, conforme equação a seguir.

$$FR = \frac{\text{Média das oscilações de alta no período}}{\text{Média das oscilações de queda no período}}$$

Por sua vez, o IFR é calculado pela equação a seguir, utilizando a Força Relativa.

$$IFR = 100 - \left(\frac{100}{1 + FR} \right)$$

O IFR, portanto, converte o valor da Força Relativa, de maneira que este fique sempre entre 0 e 100. Quando o IFR aumenta, indica que a tendência de alta permanece e vice-versa.

Porém, as divergências são a indicação mais importante do IFR. Essa situação é observada, por exemplo, quando os valores de IFR caem enquanto os preços sobem, caracterizando uma desaceleração da tendência de alta, indicando uma reversão iminente.

Por outro lado, quando os valores de IFR sobem enquanto os preços caem, é caracterizada uma desaceleração da tendência de queda.

Bandas de Bollinger

Consistem em duas linhas, uma superior e outra inferior, traçadas a partir de uma determinada distância da média móvel. A distância é determinada pelo desvio padrão, que representa uma medida de dispersão.

Aplicado ao comportamento dos preços dos ativos, o desvio padrão representa a volatilidade dos preços dos ativos. Portanto, quanto maior a volatilidade, maior o desvio padrão e maior será a distância das bandas em relação à média móvel.

O analista deverá observar que os preços, na maior parte do tempo, ficarão dentro do limite formado pelas bandas. Quando ocorre redução da volatilidade, com maior equilíbrio entre oferta e demanda, a distância entre as bandas ficará menor. Nesses momentos, é possível que o estreitamento seja acompanhado de uma maior volatilidade, seja pela alta ou queda dos preços.

Ao atingir o nível da banda, é possível que os preços prossigam na tendência, superando a banda, ou que se mantenham dentro do limite das bandas. Para que o analista possa identificar qual será o movimento, deverá utilizar outros indicadores ou a própria formação dos *candles*.

Observe, por exemplo, o gráfico do ativo TOTS3 (Gráfico 5). Na maior parte do tempo, os preços ficam entre as bandas, representados pelas linhas que ficam acima e abaixo da evolução dos preços, distanciada em duas vezes o desvio-padrão em relação à média móvel, representada pela linha que fica entre as duas outras linhas.

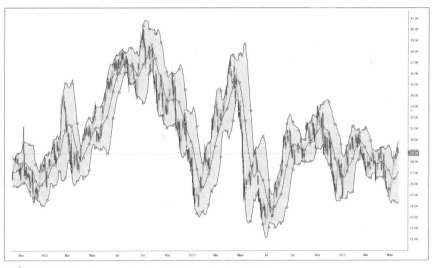

GRÁFICO 5   Gráfico de preços do ativo TOTS3 com bandas de Bollinger.

Além dos indicadores citados, há uma série de outros utilizados como apoio no processo decisório do analista, todos calculados automaticamente pelas plataformas de negociação e sistemas de análise técnica.

On balance volume (OBV)

O OBV, abreviação para "On Balance Volume" é um indicador de análise técnica que mede tendência de movimento de preços, através da sua relação com o volume financeiro negociado. Sua correspondência em português é "saldo de volume".

Joseph "Joe" Granville trouxe o seu conceito no livro "Granville's New Key to Stock Market Profits", publicado em 1963. A sua proposta era apresentar um indicador que pudesse antecipar movimentações de preços mais amplas. Ele observou que o volume financeiro de negociação de um ativo aumentava muito, sem alteração expressiva de preço momentânea, e isso antecedia uma movimentação maior de preços para cima ou para baixo.

Esse indicador pode ser usado, portanto, como auxiliar para antecipar movimentos de preços. Ele é calculado a partir do volume financeiro atrelado às negociações, a movimentação financeira (volume) de um ativo na bolsa com a sua respectiva posição de fechamento.

Assim, se uma ação fechar o dia em alta de preço, o OBV irá somar o volume do dia ou, se fechar em baixa, o OBV irá subtrair o volume do dia do seu volume acumulado anteriormente.

Para facilitar sua visualização, o OBV costuma ser apresentado como um gráfico. Dessa forma, a movimentação do indicador pode ser mostrada ao longo do tempo, durante uma sequência de dias. Essa representação é conhecida como Linha OBV ou Curva OBV.

Trata-se então de mais um indicador de tendência de preços. Deve-se salientar que, como qualquer indicador, ele ganha assertividade quanto maior o tempo gráfico analisado. Sendo assim, as observações diárias começam a apresentar informações que podem servir de orientação para decisões operacionais.

Exemplo: suponhamos que um ativo fechou o dia de forma positiva com volume financeiro de R$ 20M, e no dia seguinte fechou negativo com volume financeiro de R$ 12M, o OBV é R$ 8M. Se no terceiro dia fechar negativo com volume de R$ 4M, o OBV é de R$ 4M. Observe que a variação de preço do ativo não influencia neste indicador.

A curva OBV confirma a tendência de preços, ou seja, quando a linha do gráfico aponta para cima e a tendência dos preços é de alta, temos a convergência dos sinais, o indicador OBV confirmando a tendência, mostrando o aumento de volume financeiro nos fechamentos em alta. Essa informação pode ser útil ao operador, indicando a possibilidade da manutenção da sua posição.

De outra forma, quando a curva OBV aponta para baixo e a tendência gráfica dos preços é de alta, temos uma divergência do sinal, o que pode demonstrar o enfraquecimento da tendência, perda de força do movimento, uma reversão. Isso pode ser útil ao operador para decisões como *stop* da operação, com relação a proteção de ganhos obtidos na operação, ou posicionamento na ponta contrária, no início do novo movimento. As divergências podem ocorrer tanto nas tendências de alta quanto de baixa, pois trata-se de um sinal matemático, de saldo de volumes financeiros.

Leitura dos candlesticks

As informações contidas nos *candlesticks*, ou gráficos de velas, permitem a interpretação do comportamento dos preços durante um período. Além da simples evolução dos preços, os gráficos contêm as cores, indicando o movimento de alta ou queda, bem como os preços de abertura, fechamento, máximo e mínimo.

Para a leitura do *candlesticks* é importante distinguir o corpo das sombras. O corpo é representado pelo intervalo entre os preços de abertura e fechamento. É nesse intervalo que se encontra a maior parte da interação entre compradores e vendedores, mostrando a tendência apresentada no período. Um corpo grande mostra uma grande oscilação, indicando que um dos lados (comprador ou vendedor) prevaleceu. Já um corpo pequeno indica uma situação de equilíbrio entre compradores e vendedores.

As sombras, que mostram os valores máximo e mínimo, podem também dar informações importantes em relação ao status dos compradores e vendedores. Um *candle* com uma sombra inferior grande, por exemplo, é significativo quando ocorre após um grande movimento de baixa, pois mostra que os preços oscilaram no intervalo inferior, mas que "a força vendedora" não conseguiu prevalecer a ponto de promover uma queda maior no preço.

Por outro lado, um *candle* com uma grande sombra superior pode indicar que os vendedores estariam assumindo o controle da situação, pois os preços não evoluíram positivamente, apesar de terem transitado no intervalo superior.

Um conceito associado à leitura dos *candles* é o chamado *gap*. Essa situação ocorre quando o preço inicial do *candle* seguinte apresenta diferença significativa em relação ao preço de fechamento anterior. Essa situação mostra que houve um intervalo de preços em que não ocorreu negociação do ativo. O *gap* pode ser de alta, quando o preço de abertura do segundo *candle* é bem superior ao preço de fechamento do anterior, ou *gap* de baixa, quando o preço de abertura do segundo *candle* é bem inferior ao preço de fechamento do anterior.

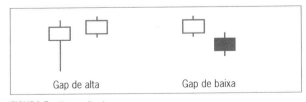

FIGURA 5   Formação de gaps.

A seguir são apresentadas algumas formações dos *candles* e sua respectiva interpretação.

Candles curtos ou longos

Os *candles* longos apresentam corpo real grande, mostrando alta volatilidade e com um claro desequilíbrio entre vendedores e compradores.

Os *candles* curtos ou piões apresentam corpo real menor, mostrando maior equilíbrio entre vendedores e compradores. Nesse caso, quanto maiores as sombras do pião, maior pode ser a situação de indecisão do mercado, pois nem os vendedores nem os compradores prevaleceram. Por esse motivo, o aparecimento desse padrão pode indicar que a tendência apresenta redução de força, seja de alta ou baixa (Figura 6).

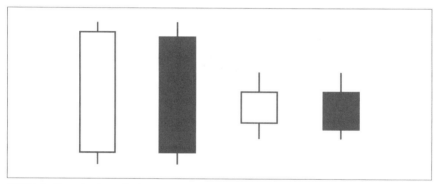

FIGURA 6   Exemplos de *candles* longos e curtos

Marubozu

Quando os extremos do corpo coincidem com o máximo e mínimo, o *candle* não tem a sombra superior, inferior ou ambas, sendo chamado de **Marubozu**, que significa corte rente (Figura 7).

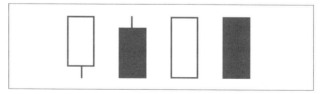

FIGURA 7   Exemplos de *candle* do tipo marubozu.

Esse padrão de formação indica a continuação de um movimento de alta ou baixa, pois como o fechamento do período ocorre no preço máximo ou mínimo, indica uma força muito maior na compra (no caso do *candle* branco) ou venda (no caso do *candle* preto).

Guarda-chuva japonês (martelo e enforcado)

Esses *candles* apresentam um corpo pequeno e uma grande sombra, de no mínimo o dobro do tamanho do corpo em um dos lados. Mostram uma formação de reversão de tendência (Figura 8).

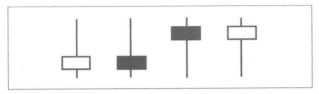

FIGURA 8   Guarda-chuva japonês.

A interpretação do significado dos guarda-chuvas depende da posição da sombra em relação ao corpo e do movimento que os precede.

Quando o corpo está localizado na parte superior, possuindo uma sombra pequena acima do corpo, a formação é também chamada de **martelo**. Quando surge em uma tendência de queda, pode indicar a reversão para uma alta. Isso ocorre porque apesar do preço ter oscilado em um intervalo grande, a força vendedora não conseguiu prevalecer a ponto de reduzir o preço.

Por outro lado, quando essa formação surge em uma tendência de alta, a interpretação é que os preços não evoluíram tanto em relação à abertura, indicando uma provável reversão para baixa. Nesse caso a formação é denominada também de **enforcado**.

Quando o corpo está localizado na parte inferior, possuindo uma sombra pequena abaixo do corpo, a formação é chamada de **martelo invertido**. Seu surgimento em um movimento de queda pode indicar a exaustão desse movimento e a possível reversão para alta.

Engolfo de alta e baixa

O engolfo de alta é formado por dois *candles* consecutivos, sendo o primeiro com pequeno corpo de baixa, o segundo com corpo bem maior e de alta. O segundo *candle* apresenta preço de abertura abaixo do fechamento do primeiro *candle*, e preço de fechamento bem acima do preço de abertura do primeiro. Dessa forma, o segundo *candle* engolfa o primeiro em um movimento contrário. Representa uma perda da tendência de baixa, podendo indicar reversão para alta (Figura 9).

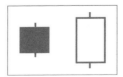

FIGURA 9   Engolfo de alta.

O engolfo de baixa tem formação muito semelhante. Porém, o primeiro candle é de alta e o segundo de baixa. Essa formação é um sinal de reversão para baixa, mas só tem efeito após uma tendência de alta mais prolongada, ou após uma rápida alta de preços, sobretudo precedido de um *gap* (Figura 10).

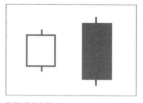

FIGURA 10   Engolfo de baixa.

Harami de fundo

É um padrão de *candle* formado por dois *candles* consecutivos e sempre deve surgir após uma tendência prolongada de baixa ou rápida queda de preços. O primeiro é um longo *candle* de baixa e o segundo um pequeno *candle* de alta com pouca sombra, e preferencialmente com sobras dentro do corpo do *candle* anterior. O corpo do segundo *candle* é sempre bem menor que o primeiro, em torno de um terço do tamanho (Figura 11).

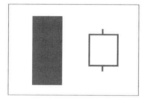

FIGURA 11   Harami de fundo.

A figura representa exaustão da pressão de baixa, podendo indicar reversão para uma tendência de alta.

DOJI

Essas formações surgem quando o preço de abertura e fechamento são iguais ou muito próximos. Sua indicação é que o mercado está em transição, definindo uma nova trajetória, mas não necessariamente indicando reversão. A pouca diferença entre o preço de abertura e fechamento mostra incerteza, apresentando uma provável tendência de que o movimento anterior possa ser abalado de alguma forma, seja com uma reversão, correção ou acumulação.

A interpretação do significado dos *dojis* deve ser feita considerando aspectos como a tendência anterior e principalmente o volume de negociação. Uma formação como essa é muito comum quando o volume negociado é relativamente baixo. Portanto, a interpretação de indecisão não se aplica. Por outro lado, quando o volume é elevado, a situação de indecisão e de provável mudança no movimento é confirmada (Figura 12).

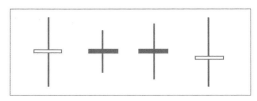

FIGURA 12   Doji.

Estrela

As estrelas são formadas por um *candle* pequeno, tanto em corpo quanto em sombras. Sua característica mais importante, além do tamanho, é sua posição em relação aos *candles* anterior e posterior, que também servem para identificar o padrão.

Para que o padrão seja válido, é necessário que haja um *gap* de corpo entre a estrela e os dois *candles* adjacentes, que devem ser em direções opostas. Ou seja, o corpo da estrela não deve coincidir com os preços dos *candles* anterior nem posterior. Em uma tendência de alta, a estrela fica acima dos dois *candles* adjacentes e em uma tendência de baixa a estrela fica abaixo dos *candles* adjacentes.

A Figura 13 mostra uma estrela em uma tendência de alta, representando um sinal de reversão da tendência para baixa.

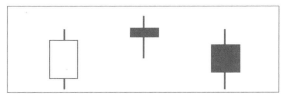

FIGURA 13   Estrela da tarde indicando reversão da tendência de alta.

A Figura 14 apresenta a estrela da manhã, indicando a reversão da tendência de baixa para alta.

FIGURA 14   Estrela da manhã indicando reversão da tendência de baixa.

Estrela cadente

Essa figura é formada por um *candle* que deve surgir necessariamente após uma tendência de alta, indicando o final dessa tendência. Seu formato deve apresentar um corpo pequeno com longa sombra superior, com pelo menos duas vezes o tamanho do corpo (Figura 15).

Quanto maior essa sombra, mais representativo é o sinal, e o *candle* não deve apresentar sombra inferior, não importando se o corpo é de alta ou baixa.

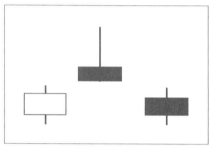

FIGURA 15   Estrela cadente.

Há uma série de outras figuras formadas pelos *candlesticks*, que representam sempre um comportamento do mercado diante do preço. É fundamental combinar a interpretação das figuras com o volume negociado, tendo em vista a importância da presença de grande quantidade de investidores para confirmar uma tendência ou sinal de reversão.

Sequência de Fibonacci

A Sequência de Fibonacci, é uma série de valores descoberta pelo matemático italiano Leonardo Pisano Fibonacci no século XIII.

A sequência é formada pela soma dos dois algarismos para formar o terceiro. Assim, os valores obtidos na série são os seguintes:

0, 1, 1, 2, 3, 5, 8, 13, 21, 34, 55, 89, 144, 233, 377, 610, 987, 1597...

Note que a soma dos dois primeiros valores (0 e 1) resulta no terceiro valor (1), e que a soma do segundo e terceiro valores (1 e 1) resulta no terceiro valor (2) e assim por diante.

A sequência dá origem à chamada razão dourada, que consiste na tendência formada pelas razões entre cada um dos algarismos da série e seu anterior ou posterior.

Observe os cálculos a seguir e note que cada vez mais os valores das razões entre os algarismos e seus anteriores se aproximam de uma constante determinada pelo número irracional 1,61803398874989...

$$\frac{1}{1}=1; \frac{2}{1}=2; \frac{3}{2}=1,5; \frac{5}{3}=1,66; \frac{13}{8}=1,625; \frac{21}{12}=1,6153...; \frac{34}{21}=1,6190...$$

Essa constante, designada pela letra grega *phi* (Φ) é chamada também de "razão dourada" e tem diversas aplicações na geometria.

Enquanto a divisão de um algarismo pelo seu anterior tende ao valor 1,618..., a divisão de um algarismo pelo seguinte tende ao valor 0,618.... Por exemplo, $\frac{21}{34}=0,618...$ e matematicamente é o resultado de $\frac{1}{\Phi}$.

Outra propriedade da constante Φ é que o resultado do quadrado da constante também tem a mesma terminação da constante original, bastando somar 1 ao valor. Ou seja:

$$\Phi^2 = 2,618 = \Phi + 1$$

Resumindo, temos as seguintes propriedades de *phi*:

- O inverso de Φ é igual a Φ - 1.
- O quadrado de Φ é igual a Φ + 1.

A sequência é observada em diversos aspectos da natureza, e especificamente em relação ao comportamento dos preços, serve para mensurar a amplitude dos movimentos de expansão e correção.

As tendências de evolução dos preços ocorrem com a presença de **correções** parciais por movimentos contrários. Essas correções geralmente encontram suporte ou resistência em níveis que correspondem às razões de Fibonacci: 0,382; 0,5; 0,618.

O uso da sequência em uma correção se destina a estabelecer objetivos de correção, com a finalidade de estabelecer uma posição no momento que o preço é corrigido. Assim, após observar-se um movimento de alta e o início de uma possível correção, traça-se no gráfico as linhas correspondentes à sequência. Então, o preço poderá ser corrigido conforme os níveis estabelecidos pelas proporções, correspondendo à redução de preço em relação ao nível máximo atingido.

Por exemplo, suponha que em um movimento de alta, o ativo tenha elevado seu preço de R\$ 10,00 para R\$ 12,00. Traçando a sequência de Fibonacci no gráfico, serão indicados os pontos correspondentes às retrações na razão da sequência em relação à alta observada (R\$ 2,00). Os pontos seriam então: R\$ 11,24, correspondendo a uma retração de 0,382 em relação à alta de R\$ 2,00; R\$ 11,00, correspondendo a uma retração de 0,5; e R\$ 10,76, correspondendo a uma retração de 0,618.

Nos movimentos de **expansão**, algo semelhante ocorre. A partir do final de uma correção e início de um novo movimento de alta, os objetivos de preço serão determinados pela sequência 0,618, 1 e 1,618. Esses números são aplicados à diferença de preço correspondente à correção, para determinar a futura evolução dos preços no movimento de alta.

Ondas de Elliott

Os princípios das Ondas de Elliott, conforme teoria desenvolvida pelo engenheiro Ralph Nelson Elliott em 1934, incorporam elementos da Teoria de Dow e da série de Fibonacci. Os preços, segundo Elliott, movimentam-se de acordo com uma progressão estruturada em movimento definidos em uma tendência, entremeados por movimentos no sentido contrário. Foram identificados oito tipos de movimentos que costumam ocorrer durante a evolução dos preços nos mercados. Esses movimentos são chamados de ondas impulsivas e corretivas.

Na Figura 16 observamos a ilustração das ondas, com cada uma delas denominada pelos números de 1 a 5 e letras A, B e C.

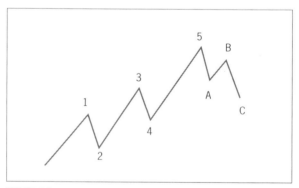

FIGURA 16 O ciclo completo, com as cinco ondas da tendência (1 a 5) e ondas no sentido contrário (A, B e C).

As ondas representadas pelos números 1 a 5 são ondas impulsivas, ocorrendo no sentido da tendência. Dessas, as ondas 1, 3 e 5 ocorrem no mesmo sentido da tendência. Já as ondas 2 e 4 ocorrem no sentido contrário da tendência.

As ondas representadas pelas letras A, B e C são ondas corretivas, pois apesar de apresentarem movimento aparentemente semelhante ao das demais, possuem formação de correção, já que mostram topos e fundos descendentes.

É possível identificar características e padrões em cada uma das ondas, conforme descrito a seguir.

- Onda 1 – O início do um ciclo pode ser a reversão de uma tendência de baixa, portanto, um movimento inesperado. Requer mais experiência dos analistas, por ser mais difícil de identificar.
- Onda 2 – Sua correção nunca pode ser maior do que a amplitude da onda 1. Nesse momento, apesar de representar uma correção, sua formação já permite a identificação da tendência.
- Onda 3 – Tem maior amplitude, graças ao maior volume de operações e maior quantidade de investidores identificando a tendência.
- Onda 4 – Segunda correção, com investidores ainda otimistas. Sua amplitude nunca é maior do que a onda 3. Indica o mercado ainda em alta, mas o volume não é tão grande.
- Onda 5 – Pode ser considerado um momento de transição e pode apresentar redução do volume.
- Onda A – Sinaliza movimento contrário, podendo chegar aos valores iniciais da onda 4.
- Onda B – Pode ser confundida com a correção, mas observando o ciclo do ativo, é possível identificar como uma reversão.
- Onda C – Representa a confirmação da reversão de tendência.

Qualquer onda, por menor que seja, pode teoricamente ser dividida em subondas, dependendo de ser uma onda impulsiva ou corretiva. Da mesma forma, cada ciclo de ondas pode ser agrupado como componente de um ciclo maior.

Além das ferramentas e abordagens descritas, há uma série de outros recursos usados pela análise técnica para identificar tendências, correções e reversões. Cabe ao analista identificar aquela que mais se adapta às suas necessidades e tipo de operação.

TAPE READING OU ANÁLISE DE FLUXO

Essa técnica se distingue da Análise Técnica por se concentrar mais nas ofertas em si do que no comportamento dos preços. Sua origem e nome decorrem da "fita" que era gerada a partir dos negócios concretizados na bolsa, na época em que o pregão era realizado no formato de viva-voz.

Na época, a máquina que registrava os negócios realizados, chamada de Ticker Tape Machine, gerava os códigos das ações negociadas, as variações de preços, o horário das transações e se o preço foi inferior ou superior ao anteriormente negociado.

Por isso, a técnica consiste em analisar o comportamento dos negócios concretizados de venda e compra, com o propósito de identificar a tendência imediata dos preços, fazendo deduções a partir das transações concretizadas. Ao longo do tempo, a técnica evoluiu, e hoje acompanha o rápido ritmo das transações pelo pregão eletrônico.

As informações utilizadas são o histórico de negócios realizados, o volume de *profile* e o *book* de ofertas, conforme descrito a seguir:

- Histórico de negócios: registra os papéis escolhidos pelos grandes operadores do mercado durante o período de análise.
- Volume de *profile*: apresenta os dados sobre a intenção de negócios, de uma maneira organizada, permitindo visualizar, por exemplo, as regiões de maior concentração dos investidores vendedores e compradores.
- *Book* de ofertas: mostra as intenções de compra e venda dos investidores, pois contém as ordens que aguardam para serem negociadas.

O *book* de ofertas apresenta as intenções de compra e venda de um determinado ativo. Para realizar a análise do fluxo, o analista poderá agrupar as ordens por volume, e assim detectar melhor os movimentos do mercado. Com isso o analista poderá identificar os valores de preço em que se encontram os maiores fluxos que formam o preço do ativo durante a negociação.

Assim, a técnica não consiste em simplesmente olhar o fluxo para determinar o preço, tampouco consiste em prever o futuro. O objetivo é avaliar a oferta e demanda momentânea, identificando se a demanda está aumentando ou diminuindo. Quando há excesso de demanda, pode ser identificada uma oportunidade para venda, e quando há excesso de oferta, pode ser identificada uma oportunidade para compra.

Pelo fato de buscar as movimentações momentâneas, a técnica é aplicável às operações de curto prazo, principalmente de *scalping* e *day trade*.

9

Governança corporativa

A Governança Corporativa envolve os instrumentos adotados para garantir a gestão de uma empresa e o monitoramento de seus executivos. Abrange as práticas e relacionamentos entre os proprietários das empresas, o conselho de administração, a diretoria e os demais órgãos de controle.

Não se trata necessariamente de leis a serem seguidas, mas de princípios e práticas que visam proporcionar maior valor à organização e promover sua longevidade. Estão entre os objetivos a ética e a transparência nas relações entre os executivos, proprietários, funcionários e demais públicos internos e externos, procurando atingir a satisfação dos agentes envolvidos e a melhoria dos resultados.

O tema compreende temas relacionados a várias diferentes disciplinas e áreas da organização, como estratégia empresarial, contabilidade, direito, finanças corporativas, gestão de pessoas etc.

No que diz respeito às decisões estratégicas, o administrador tem como objetivo aumentar o valor da empresa, devendo tomar decisões a respeito de projetos que gerem maior valor para a empresa e maior retorno sobre o capital investido pelo acionista.

PRINCÍPIOS BÁSICOS DE GOVERNANÇA CORPORATIVA

O Instituto Brasileiro de Governança Corporativa (IBGC) é a principal entidade responsável pelo desenvolvimento de orientações e melhores práticas de Governança Corporativa para as empresas. Essas orientações se baseiam em alguns princípios, conforme itens a seguir.

- Transparência – trata da disponibilização e acesso às informações do interesse de todos os públicos internos e externos à organização. Seu objetivo é proporcionar um clima de confiança nas relações da empresa com todos os interessados. O teor das informações disponíveis não se restringe à divulgação obrigatória de desempenho econômico-financeiro, mas do processo de tomada de decisão e demais fatores que levam à criação de valor por parte da empresa.
- Equidade – indica que o tratamento de todos os sócios e partes interessadas deve ser isonômico e justo, considerando os seus deveres, interesses, necessidades e expectativas.

- Accountability (prestação de contas) – sugere a prestação de contas de todas as decisões, fazendo com que os executivos assumam total responsabilidade e as consequências de seus atos e omissões.
- Responsabilidade corporativa – os agentes devem ser responsáveis pela saúde das organizações, pela viabilidade econômico-financeira, pela redução da exposição a riscos e pela perenidade de suas atividades.

O CONFLITO DE AGÊNCIA E A GOVERNANÇA CORPORATIVA

A Teoria da Agência visualiza o proprietário ou acionista da empresa como fornecedor do capital, mas que se encontra apartado das decisões corporativas. Por esse motivo, o agente, representado pelos executivos da empresa, são responsáveis por representar os proprietários na administração dos negócios.

Assim, os agentes deveriam tomar decisões visando a maximização da riqueza dos proprietários. Porém, esses executivos tendem a tomar decisões que maximizem sua utilidade pessoal, acarretando consequências chamadas de custos de agência.

Esses custos se devem às decisões que não levam necessariamente à maximização de valor para os proprietários, como investimentos dispendiosos, despesas pessoais pagas pelas contas corporativas, entre outros.

As razões que levam os agentes a tomar essas decisões estão relacionadas com três aspectos: conflito de interesses, limitações técnicas individuais e vieses cognitivos.

Os **conflitos de interesses** ocorrem quando os executivos de fato optam por decisões que maximizem seu bem-estar pessoal. Essas decisões não necessariamente envolvem gastos dispendiosos, mas podem ocorrer, por exemplo, pela ênfase nos resultados de curto prazo que levem a uma maior remuneração variável.

As **limitações técnicas** ocorrem em função da ausência dos conhecimentos técnicos necessários para as decisões de investimento, financiamento, marketing, planejamento comercial, etc. Em função dessas possíveis deficiências, os mecanismos de governança como o conselho de administração qualificado, com profissionais de diferentes formações, podem aprimorar o processo decisório.

Os **vieses cognitivos**, associados a uma extensa linha de pesquisa em psicologia aplicada ao processo decisório, se aplica também às decisões empresariais e sugere a presença de mecanismos de governança. Esses vieses podem levar os executivos a tomar decisões conforme seus próprios pressupostos e visões. Por

CAPÍTULO 99 • GOVERNANÇA CORPORATIVA **193**

exemplo, se o executivo principal de uma empresa é o seu fundador, sua visão a respeito do futuro da empresa pode ser excessivamente otimista.

MECANISMOS DE GOVERNANÇA CORPORATIVA

Com a finalidade de reduzir os conflitos de agência e atender aos princípios de governança corporativa, há alguns mecanismos representados por órgãos e procedimentos.

Um deles, talvez um dos mais importantes, é o **conselho de administração**, que tem o papel de fazer a conexão entre os proprietários ou sócios e os executivos da empresa. Entre as responsabilidades do conselho estão:

- Observar se os valores e propósitos da organização estão sendo perseguidos adequadamente, traçando as diretrizes estratégicas para os gestores.
- Dar apoio contínuo à gestão com relação aos negócios, riscos e pessoas.
- Prestar contas aos proprietários e sócios, apresentando um parecer sobre o relatório de administração e as demonstrações financeiras.
- Manter um plano de sucessão atualizado para os principais executivos da organização.

O conselho pode ser composto por membros **internos**, como funcionários e diretores, ou **externos**, que não possuem vínculo atual com a organização, mas que não são independentes (ex-diretores, ex-funcionários etc.) e **independentes**, que não possuem qualquer vínculo com a sociedade.

Para auxiliar o conselho, existem os **comitês de governança**, formados por profissionais especialistas em cada uma das áreas. As organizações podem ter estruturas distintas em relação a essas áreas, mas em geral estão presentes os comitês de auditoria, riscos, pessoas e recursos humanos, responsabilidade social corporativa, inovação, estratégia, sucessão e remuneração.

O **conselho fiscal** também representa um importante mecanismo de governança. Trata-se de um órgão independente dentro da empresa, criado com a finalidade de fiscalizar o cumprimento das normas legais e estatuto da empresa pelos executivos.

As **áreas de controle** também são responsáveis pela execução da verificação detalhada das decisões tomadas pelos executivos e pela fidelidade das demonstrações financeiras em relação às normas legais. São compostas pela auditoria interna, auditoria independente, área de gestão de riscos, *compliance* e controles internos.

A **assembleia geral de acionistas** é a instância máxima de decisão de uma empresa. Reúne os acionistas em um evento, com a finalidade de deliberar sobre aspectos estratégicos, como fusões, aquisições, aumento de capital e outras.

REGISTRO DAS EMPRESAS DE CAPITAL ABERTO E SEGMENTOS DE LISTAGEM

Uma das funções de uma bolsa é efetuar o registro das empresas emissoras de valores mobiliários e a admissão de seus títulos à negociação. Para que uma empresa efetue a abertura de capital e tenha suas ações negociadas na bolsa, é requerido o atendimento aos requisitos de governança corporativa, além dos itens a seguir:

- Ser uma sociedade sob a forma de Sociedade por Ações (ou Sociedade Anônima).
- Ter suas demonstrações financeiras auditadas por auditoria independente registrada na CVM por três anos.
- Obtenham, junto à CVM, o registro de emissor, com os seus valores mobiliários admitidos á negociação na B3.
- Possuir uma Diretoria de Relações com Investidores
- Definir a estratégia da oferta de ações e registrá-la na CVM.

Além dos requisitos acima, é necessário que a companhia defina o segmento de listagem em relação ao nível de adequação quanto às práticas de governança corporativa.

Os segmentos foram criados em 2001, na época pela Bovespa, para facilitar a classificação das empresas quanto ao nível de governança corporativa, e a consequente identificação por parte dos investidores, daquelas companhias que possuem as melhores práticas. A seguir são descritos alguns requisitos para listagem das empresas em cada um dos níveis de governança corporativa.

Nível 1

- As companhias devem adotar práticas que favoreçam a transparência e o acesso às informações pelos investidores.
- Devem possuir um conselho de administração de no mínimo 3 membros.
- Manutenção de percentual mínimo de ações em circulação (*free float*) em 25%.

Nível 2

- Cumprimento das exigências do nível 1.
- Devem possuir um conselho de administração de no mínimo 5 membros, sendo 20% independentes.
- Demonstração financeiras traduzidas para o inglês.

CAPÍTULO 99 • GOVERNANÇA CORPORATIVA **195**

- No caso de venda do controle, assegurar a todos os demais acionistas o mesmo tratamento concedido ao acionista controlador de alienar suas ações ao novo acionista por 100% do preço pago (*Tag along*).

Novo Mercado
É o segmento especial de listagem de maior governança corporativa.

- Cumprimento das exigências dos níveis 1 e 2.
- Capital social composto apenas por ações ordinárias, que dão ao acionista direito a voto.
- Devem possuir *free float* mínimo de 25% ou 15%, caso a oferta seja superior a R$ 3 bilhões.
- Devem possuir comitê de auditoria.

A entrada de uma empresa no Novo Mercado significa a adesão a um conjunto de regras societárias, genericamente chamadas de "boas práticas de governança corporativa", mais rígidas do que as presentes na legislação brasileira. Essas regras, consolidadas no Regulamento de Listagem, ampliam os direitos dos acionistas, melhoram a qualidade das informações usualmente prestadas pelas companhias e, ao determinar a resolução dos conflitos por meio de uma Câmara de Arbitragem, oferecem aos investidores a segurança de uma alternativa mais ágil e especializada.

Além dos níveis 1, 2 e Novo Mercado, a B3 possui dois segmentos de acesso, destinados a empresas de menor porte, que devem gradualmente acessar os segmentos principais por meio do crescimento. Trata-se dos segmentos Bovespa Mais, conforme descrição a seguir.

Bovespa Mais
Este segmento tem como objetivo fomentar o crescimento de pequenas médias companhias via mercado de capitais. As emissões de ações geralmente são menores, quando comparadas com as empresas dos segmentos normais de listagem, e são destinadas a poucos investidores. Gradualmente, a empresa ganha experiência na relação com os investidores por meio das práticas de governança, até que esteja apta para realizar a oferta pública. As seguintes características estão presentes também nesse segmento de listagem:

- Emitem apenas ações ordinárias.
- Tem o prazo de até 7 anos para realizar o I.P.O.
- A partir do 7° ano de listagem, devem manter em circulação no mínimo 25% de *free float*.
- Concessão de *tag along* para 100%.

Bovespa Mais Nível 2

Também faz parte do segmento de acesso e tem regras e condições muito semelhantes ao Bovespa Mais, tendo sido criado em 2014. Porém, para as empresas desse segmento é permitida a emissão de ações preferencias.

10

Fundos de investimento e Clubes de investimento

Fundos e clubes de investimento representam opções de acesso de investidores aos produtos do mercado de capitais. Ambos visam facilitar o investimento por parte de investidores individuais para que consigam adquirir ou gerenciar uma carteira de ativos. Suas diferenças se encontram no processo de gestão. Enquanto os fundos possuem gestão profissional, os clubes de investimento são administrados por profissionais contratados pelos integrantes do clube. As características específicas, tipos, vantagens e desvantagens de cada um são descritos nos itens a seguir.

FUNDOS DE INVESTIMENTO

Os fundos de investimento representam uma opção para que um investidor adquira diversos produtos financeiros simultaneamente por meio de uma aplicação. Portanto, constitui um conjunto de recursos formados por depósitos de diversos investidores diferentes para aplicação em uma carteira de títulos e valores mobiliários.

Ao aplicar recursos em um fundo, o investidor tem a possibilidade de adquirir algumas cotas, e com isso acessar diversos ativos diferentes, que em alguns casos não poderiam ser adquiridos diretamente.

Assim, quando investidores adquirem cotas de um fundo, os recursos são destinados à aquisição de ativos que farão parte da carteira do fundo, e a rentabilidade desses ativos é que proporcionará a valorização das cotas e a remuneração do investimento feito inicialmente.

Estrutura e funcionamento dos fundos de investimento

Em primeiro lugar, é importante destacar que os fundos de investimentos são entidades legalmente constituídas para a gestão dos recursos, de forma muito semelhante a um condomínio de apartamentos.

Para compreender o funcionamento, a seguir são descritos os participantes em um investimento em fundos:

- **Cotista:** é o investidor proprietário de determinada quantidade de cotas, proporcional ao valor investido. Cada cota corresponde a uma unidade de divisão do patrimônio do fundo.
- **Gestor:** é o responsável pelas decisões sobre a alocação dos recursos obtidos com a venda das cotas, sempre sujeita a uma estratégia de investimentos previamente definida. O gestor está ligado a uma entidade gestora de recursos (*asset management*), que pode ser ligada a uma instituição financeira ou independente.
- **Administradora:** é a instituição responsável pela prestação dos serviços operacionais aos cotistas, como atendimento, cálculo do valor da cota, prestação de contas, fluxo de recursos de aporte e resgate.
- **Custodiante:** é a entidade responsável pela guarda dos ativos constituintes da carteira do fundo, uma vez que esses ativos não são representados por papéis e sim por registros eletrônicos.
- **Distribuidora:** é a instituição que realiza a comercialização das cotas dos fundos aos potenciais investidores.
- **Auditor:** é a entidade que realiza a verificação das demonstrações financeiras e demais processos realizados pelo fundo.

Assim, quando um cotista deseja adquirir cotas de um fundo, inicialmente ele se dirige à distribuidora, que recebe os recursos e envia à gestora de recursos. A gestora então realiza os investimentos nos ativos previstos e as operações são registradas pelo custodiante. Conforme ocorre a valorização ou desvalorização dos ativos, a cota sofre alteração. A administradora efetua então a apuração dos resultados e informa aos demais participantes os valores da cota e resultados obtidos. O auditor verifica todos os documentos e confere a autenticidade das informações fornecidas.

Como a divisão do patrimônio do fundo é feita em **cotas**, o valor investido no fundo corresponde a uma determinada quantidade de cotas. Por exemplo, se um fundo tem um patrimônio de R$ 20 milhões de Reais e tiver a divisão em 10 milhões de cotas, o valor inicial de cada cota é de R$ 2,00. Na medida que os investimentos efetuados pelo fundo forem se valorizando, o patrimônio varia também, afetando o valor de cada cota.

A remuneração das entidades participantes se dá por meio da **taxa de administração**, que é uma porcentagem sobre o valor investido a cada ano, mas cobrado mensalmente por meio da redução do valor da cota. Por exemplo, se um investidor aplica o valor de R$ 10.000,00 em um fundo e a taxa de administração é de 1% ao ano, o valor de R$ 100,00 é cobrado a cada ano, dividido em parcelas mensais já incluídas no cálculo da cota do fundo.

Além disso, em alguns tipos de fundos pode ser cobrada a **taxa de performance**, ou taxa de sucesso, incidente quando um fundo obtém uma rentabilidade acima de um patamar, chamado também de "linha d'água". Esse patamar é determinado por meio de um índice de referência (*benchmark*), que pode ser um índice de ações (Ibovespa B3, IBRX), um indicador de mercado (taxa Selic ou taxa DI) ou outro.

As informações para os investidores são concentradas no **prospecto** do fundo. É nesse documento que são descritas informações indispensáveis ao investidor, com destaque para os itens a seguir:

- Políticas de investimento, ou seja, quais tipos de ativos que podem fazer parte da carteira do fundo.
- Regime de administração do fundo, se a gestão é ativa ou passiva.
- Taxas de administração e performance e forma de cobrança.
- Regras de aplicação e resgates, datas e valores mínimos exigidos.
- Público a que se destina o fundo.
- Direitos e responsabilidades dos cotistas e demais agentes envolvidos na administração do fundo.
- Riscos envolvidos no investimento.

A partir do momento em que o fundo é constituído, quaisquer mudanças nas regras e estrutura do fundo devem ser aprovadas pela **Assembleia geral de cotistas**. Trata-se da instância máxima de decisão de um fundo, sendo a instância competente para a deliberação de diversos temas, como a política de investimento, regulamento do fundo, alteração de taxas, substituição do administrador, gestor ou custodiante, apresentação das demonstrações contábeis, fusão, incorporação, transformação ou liquidação do fundo.

A **liquidez** da aplicação em um fundo de investimento é um aspecto essencial para o conhecimento do investidor, adequando aos seus objetivos. Há dois elementos importantes a observar quanto à liquidez: a carência e o prazo para resgate. Alguns fundos possuem um prazo de **carência** (ou *lock-up*), ou seja, a partir do momento em que o investimento é efetuado há um prazo mínimo para que o investidor efetue resgates. Cumprida essa carência, o valor pode ser resgatado a qualquer momento. O prazo de carência pode variar conforme o fundo.

O **prazo para resgate** corresponde ao tempo desde que a solicitação é feita até o momento em que os recursos estarão efetivamente disponíveis para o investidor. Esse prazo também pode variar bastante conforme o fundo, podendo ser por exemplo D+2 (dois dias após a solicitação), D+30 (trinta dias após a solicitação) ou outros prazos.

Vantagens e pontos de atenção dos fundos de investimentos

A principal vantagem dos fundos de investimento está relacionada com a **diversificação**. Os fundos conseguem mesclar, de forma eficiente, diferentes ativos financeiros, visando maximizar o retorno e minimizar o risco.

Uma segunda vantagem dos fundos de investimento é permitir o **acesso a diferentes mercados** em um único investimento, já que o fundo pode aplicar em diversos ativos e derivativos diferentes, e muitos deles nem poderiam ser adquiridos diretamente pelo investidor.

Essa vantagem se torna mais presente no caso de pequenos investidores, que pelo reduzido capital para investimento não conseguiriam, em alguns casos, atingir o investimento mínimo para adquirir determinados produtos, tampouco diluir o capital entre diferentes ativos. Nesse sentido, os fundos de investimento contribuem com a popularização dos investimentos.

A **facilidade para o acompanhamento** dos investimentos também é uma vantagem dos fundos, pois cada um dos ativos pode apresentar ganhos ou perdas ao longo do tempo, e o investidor teria que apurar o ganho ou perda consolidada da carteira, caso aplicasse seus recursos individualmente em cada ativo. No caso dos fundos de investimento, o acompanhamento pode ser feito pela evolução do valor da cota.

Os **ganhos de escala** constituem outra vantagem importante aos investidores ao aplicar os recursos em fundos de investimento. Para adquirir vários ativos, o investidor necessitaria realizar também diversas operações, arcando com os respectivos custos operacionais, e corretagens. Já ao investir em fundos, a aplicação pode ser feita em uma operação apenas.

Além disso, a tributação também pode ser reduzida, considerando que para o investidor, a tributação incide apenas sobre os rendimentos. Caso o investidor fosse adquirir os ativos diretamente e balanceando a carteira ao longo do tempo, a tributação incidiria sobre os ganhos em cada operação, podendo acarretar uma maior incidência de tributos.

Outra questão importante envolvendo os fundos do investimento é que a gestão é feita de forma profissional, por especialistas formados e qualificados para a atividade, dispondo de diversos recursos de informação e tecnologia, para avaliar os cenários, analisar os riscos e tomar as decisões de compra e venda. Assim, a **gestão profissional** constitui uma outra vantagem aos fundos de investimento, no sentido de facilitar o atingimento dos objetivos dos investidores, dentro dos parâmetros acordados no prospecto e no regulamento do fundo.

Alguns **pontos de atenção** devem ser levantados em relação aos investimentos em fundos, uma vez que qualquer investimento pode apresentar riscos.

Em primeiro lugar, o investidor deve sempre observar a política de investimento do fundo, a fim de verificar se os riscos a que o fundo está exposto são coerentes com o seu perfil de risco.

Outro ponto que geralmente leva os investidores a tomar decisões inadequadas é observar a **rentabilidade histórica**, acreditando que essa deverá se repetir no futuro. Na prática, os resultados obtidos previamente pelo fundo podem ter sido resultantes do sucesso em estratégias de investimento em determinados ativos, mas esses resultados podem variar ao longo do tempo, em função de diversos aspectos, como os lucros das empresas, indicadores de taxas de juros e outros. Assim, embora conte com a gestão profissional, a rentabilidade histórica não pode ser usada como garantia de rentabilidade futura.

A questão da tomada de decisão de investimentos também é importante de ser observada, pois ao investir em um fundo, o investidor assume uma posição passiva na gestão. Com isso, o gestor tende a atender as **expectativas** da média do conjunto de investidores, podendo frustrar as expectativas de alguns grupos de investidores individualmente.

Por esse motivo, é um desafio para o investidor a **identificação dos melhores gestores**, ou seja, aqueles que melhor atendem aos seus próprios objetivos e perfil de risco. Considerando a grande quantidade de gestores e fundos, essa escolha se torna relativamente difícil, pois requer a análise do desempenho e a inferência sobre o processo de decisão do gestor diante dos cenários econômicos futuros.

Os **custos** com as taxas de administração, performance e encargos cobrados também são um aspecto fundamental a observar ao investir em fundos, pois essas cobranças podem reduzir a rentabilidade líquida para o investidor. Portanto, o investidor deve ponderar se a cobrança desses custos é compensada pelas vantagens obtidas com o investimento em fundos.

A tributação também é um aspecto importante a observar nos fundos de investimento. Para os fundos abertos, exceto ETFs e FIIs, a tributação do Imposto de Renda é feita conforme a tabela regressiva. Por essa regra, quanto maior o prazo do investimento, menor a alíquota incidente sobre os rendimentos. Há também uma distinção entre os fundos de longo prazo, ações e de curto prazo. A Tabela 1 demonstra as diferentes alíquotas de Imposto de Renda conforme o prazo de investimento.

TABELA 1 Alíquotas de Imposto de Renda sobre os fundos de investimento

Tipo de fundo	Até 180 dias	De 181 a 360 dias	De 361 a 720 dias	Acima de 720 dias
Longo Prazo	22,5%	20%	17,5%	15%
Ações	15%	15%	15%	15%
Curto Prazo	22,5%	20%	20%	20%

202 MERCADO DE CAPITAIS E BOLSA DE VALORES

O recolhimento do tributo se dá inicialmente por meio do chamado **come--cotas**. Esse é um mecanismo que permite a incidência do tributo a cada semestre, adiantando a tributação em vez de cobrar todo o imposto no momento do resgate. Por esse mecanismo, é feita a apuração parcial dos ganhos obtidos e cálculo do imposto. O valor do imposto devido é deduzido do investimento por meio da redução do número de cotas. Esse processo ocorre duas vezes no ano, a primeira vez no último dia do mês de maio e a segunda no último dia do mês de novembro.

Para os FIIs e ETFs, a tributação de imposto de renda é detalhada nos tópicos seguintes, em que são descritas as características específicas desses fundos.

Tipos de fundos

Os fundos de investimento podem ser de diversos tipos, e essa classificação pode ser feita a partir de diversas dimensões. A primeira delas diz respeito ao acesso dos investidores, que dá origem aos fundos **abertos** e **fechados**.

Os **fundos abertos** permitem que qualquer investidor possa adquirir cotas a qualquer momento, já que o fundo possui uma quantidade ilimitada de cotas. Por isso, quando ocorre a entrada de novos investidores, ou a aquisição de cotas por investidores atuais, são criadas cotas.

Já os **fundos fechados** possuem um número limitado de cotas e suas cotas são distribuídas mediante oferta pública durante determinado prazo. Nesse caso, tanto os novos aportes quanto os resgates não são permitidos.

Geralmente esses fundos têm uma data determinada para encerramento, quando os investidores poderão resgatar seus recursos. Caso um investidor queira vender suas cotas antes do vencimento, só poderá fazê-lo no mercado secundário, ou seja, para outros investidores. Da mesma forma, os novos aportes não são permitidos por novos investidores.

Além dessa classificação, os fundos de investimento podem ser diferenciados pelas **classes de ativos** em que se pode investir, conforme itens a seguir:

- **Fundos de renda fixa:** possuem em sua carteira de ativos ao menos 80% do seu patrimônio em ativos de renda fixa, como títulos do tesouro nacional, CDBs (Certificado de Depósito Bancário) e letras de crédito (Letras de Crédito Imobiliário – LCI e Letras de Crédito do Agronegócio – LCA, por exemplo).
- **Fundos de ações:** esses fundos possuem uma porcentagem mínima de 67% dos seus recursos investidos em ativos de renda variável, como ações e BDRs.
- **Fundos multimercado:** podem possuir em sua carteira diferentes ativos e derivativos, sem uma porcentagem mínima ou outras restrições. O gestor é então livre para incluir na carteira do fundo diferentes classes de ativos.

CAPÍTULO 1010 • FUNDOS DE INVESTIMENTO E CLUBES DE INVESTIMENTO   203

- **Fundos cambiais:** possuem em sua carteira ativos predominantemente com exposição a moedas estrangeiras, em uma porcentagem mínima de 80% do patrimônio.

Outra forma de distinguir os fundos é a **estratégia de gestão** utilizada em relação aos objetivos de rentabilidade, podendo ser **ativa ou passiva**.

Os fundos com **gestão ativa** têm como objetivo a superação de um indicador estabelecido, chamado de *"benchmark"*. Alguns exemplos de objetivos são a superação da taxa do CDI (Certificado de Depósito Interfinanceiro) para fundos de renda fixa, ou a superação do Ibovespa B3 para fundos de ações. Geralmente esses fundos possuem uma taxa de administração mais elevada, uma vez que seu desempenho requer um processo mais trabalhoso de pesquisa e análise dos ativos. Além disso, alguns desses fundos possuem taxa de performance, cobrada quando o desempenho supera o *benchmark*.

Os fundos de **gestão passiva**, chamados também de fundos indexados procuram reproduzir o desempenho do *benchmark*. Portanto, a intenção não é identificar oportunidades de alto retorno, mas acompanhar a variação do *benckmark*. Um exemplo de fundo com gestão passiva é um ETF (Exchange Traded Fund), que tem como objetivo acompanhar o Ibovespa B3.

Fundos de investimento imobiliário

Essa é uma modalidade específica de fundo, classificada como fundo estruturado, ou seja, destinado a aplicar recursos em um projeto ou empreendimento. Os fundos de investimento imobiliário (FII) são compostos por investimentos no setor imobiliário, podendo ser destinados ao investimento direto em empreendimentos, ou indiretamente em títulos de crédito de empreendimentos imobiliários e ainda em outros fundos imobiliários. A seguir são descritos cada um desses tipos.

- **Fundos de tijolo:** são fundos que investem efetivamente em imóveis físicos, seja na construção ou exploração comercial. Os principais tipos de imóveis são: agências bancárias, lajes corporativas, galpões, centros de distribuição, hotéis, hospitais, shopping centers, escolas, imóveis rurais e varejo. O resultado desses fundos vem principalmente da locação desses imóveis.
- **Fundos de papel:** são chamados também de fundos de recebíveis imobiliários, e aplicam o dinheiro das cotas em títulos do mercado imobiliário. Os principais títulos são os CRIs (Certificados de Recebíveis Imobiliários), LCI (Letras de Crédito Imobiliário) e LH (Letras Hipotecárias) emitidos com a finalidade de realizar empreendimentos imobiliários de diversas naturezas.

204 MERCADO DE CAPITAIS E BOLSA DE VALORES

- **Fundos de desenvolvimento:** são destinados à construção de um imóvel para locação ou venda.
- **Fundos híbridos:** são fundos que aplicam o investimento tanto em investimentos em tijolo quanto em papéis.
- **Fundos de fundos (FoF – Funds of Funds):** são fundos constituídos por cotas de outros fundos de investimento imobiliário para compor o patrimônio. Apresentam como vantagem a possibilidade de diversificação entre vários tipos de ativos.

Uma característica importante dos FIIs é que são fundos fechados, ou seja, não permitem aplicações e resgates a qualquer momento. Apenas quando há novas captações de recursos, os fundos emitem novas cotas.

Para o investidor, os FIIs proporcionam rendimentos pelos resultados distribuídos, ou dividendos, aos cotistas. Os fundos devem distribuir ao menos 95% do resultado aos investidores, podendo optar por 100% ou mais. Como esses fundos geralmente são negociados em bolsas de valores, o investidor pode obter também o rendimento pelo ganho de capital, ou seja, pela valorização das cotas. No entanto, diferente dos fundos não negociados em bolsa, o valor da cota oscila conforme oferta e demanda.

Outra característica importante dos FIIs é que os rendimentos com os lucros distribuídos são isentos de tributação pelo Imposto de Renda Pessoa Física. Já os ganhos de capital são tributados em 20% sobre a valorização.

Exchange Traded Funds (ETFs)

Conforme comentado anteriormente, os ETFs (Exchange Traded Funds) são fundos de investimento em renda fixa ou variável que funcionam como uma carteira de ações ou índices.

São fundos fechados, ou seja, não permitem a aquisição de novas cotas. No entanto, são negociados em bolsa, e por isso é possível adquirir ou vender no mercado secundário. Sua gestão é passiva, já que sua rentabilidade tem como objetivo acompanhar os *benchmarks*. Por exemplo, o ETF BOVA11, que tem como *benchmark* o Ibovespa B3 , tem como objetivo acompanhar a evolução desse índice de ações.

Essa é uma diferença importante dos ETFs em relação aos demais fundos de ações, pois esses possuem gestão ativa, enquanto os ETFs possuem gestão passiva. Além disso, sua rentabilidade depende da oscilação do preço da cota negociada em bolsa, que por sua vez é afetada pela oferta e demanda pelo ativo.

Esse tipo de ativo pode ser uma boa opção para investidores que desejam obter rendimentos associados a índices de renda variável, mas não desejam adquirir as ações individualmente. Portanto, apresentam muitas das vantagens dos demais fundos de investimento.

A tributação dos ETFs pelo Imposto de Renda obedece a uma alíquota fixa de 15% sobre a diferença entre o valor de aquisição e de venda da cota, independente do prazo e valor da aplicação.

Atualmente os ETFs seguem índices *total return* (retorno total) ou seja, caso as empresas constituintes do índice *benchmark* paguem dividendos, esses valores não são recebidos pelos cotistas, pois são incorporados ao valor da cota, aumentando seu valor. Porém, está em estudo a criação de ETFs que paguem dividendos, e esse tipo de fundo pode passar a estar disponível em breve.

Fundos de investimento em participações (FIP)

Esses fundos são fechados, cujo objetivo principal é o investimento em aquisição de participação societária em empresas não listadas em bolsa. Representam o principal veículo de investimento em operações de *Private Equity* e *Venture Capital* no Brasil.

Resumidamente, as operações de *Private Equity* representam o investimento em empresas com médio potencial de crescimento a longo prazo, com o objetivo de lucrar com a futura venda da participação por um valor superior. A captação dos recursos geralmente se destina justamente a financiar os investimentos necessários para o crescimento.

Já as operações de *Venture Capital* representam o investimento em empresas emergentes e *startups*, em estágio mais inicial do que as anteriores. Normalmente os recursos são captados com a finalidade de realizar os investimentos necessários para a estruturação da empresa para o crescimento. Trata-se de um investimento com maior risco do que as operações de *Private Equity*, considerando que as empresas ainda estão iniciando suas atividades.

Seu investimento é restrito a investidores qualificados e profissionais (Quadro 1) e geralmente apresentam expectativa de retorno muito alto a longo prazo. Porém, apresentam maior risco, decorrente do sucesso do investimento nas empresas.

QUADRO 1 Definição de investidores qualificados e profissionais.

Investidores qualificados	Pessoas naturais ou jurídicas que possuam investimentos financeiros em valor superior a R$ 1.000.000,00 (um milhão de reais) e que, adicionalmente, atestem por escrito sua condição de investidor qualificado mediante termo próprio
Investidores profissionais	Pessoas naturais ou jurídicas que possuam investimentos financeiros em valor superior a R$ 10.000.000,00 (dez milhões de reais) e que, adicionalmente, atestem por escrito sua condição de investidor profissional mediante termo próprio

Fonte: CVM.

206 MERCADO DE CAPITAIS E A BOLSA BRASILEIRA

Geralmente esses fundos apresentam liquidez muito baixa no curto prazo, já que não é possível negociar suas cotas em bolsa e os resgates não podem ser efetuados até o prazo do fundo. Outra característica importante é que os fundos participam ativamente da gestão e governança das empresas investidas. Por isso os gestores geralmente são especializados nos setores das empresas investidas.

Fundos de investimento em direitos creditórios (FIDC)

Esses fundos podem ser abertos ou fechados, e tem como objetivo principal a aquisição de carteira pulverizada de recebíveis ou direitos creditórios. Os recursos captados com a venda das cotas são usados para adquirir títulos a receber de empresas varejistas e outras, que possuem valores a receber referentes a vendas a prazo.

Assim, as empresas utilizam esses recursos para adiantar o recebimento desses valores para gerar caixa em menos tempo.

O investidor que aplica recursos em um FIDC está adquirindo partes de uma carteira de valores a receber, e em última instância estão financiando a antecipação dos recebíveis de uma empresa, chamada de cedente. Em troca desse financiamento, o fundo recebe uma taxa de juros, que vai proporcionar então a rentabilidade aos cotistas.

Sua remuneração é determinada geralmente por um indicador financeiro, como uma porcentagem do CDI, CDI adicionado de um *spread*, um índice de preços adicionado de um *spread* ou mesmo uma taxa prefixada.

O investimento em FIDC é restrito a investidores qualificados ou profissionais, conforme descrito anteriormente, e a divisão das cotas dos FIDC é feita em cotas sênior e cotas subordinadas, conforme características a seguir.

- **Cotas sênior:** são aquelas que proporcionam ao investidor a preferência no recebimento dos juros, resgate ou amortização, oferecendo menor risco ao investidor.
- **Cotas subordinadas:** são compostas por carteiras com maior risco de inadimplência, compensadas parcialmente pela maior rentabilidade potencial. São divididas em preferencial (mezanino) e ordinária (subordinada).

Os riscos do investimento em FIDC estão associados principalmente ao risco de crédito dos recebíveis que compõem a carteira do fundo. Quanto maior for a inadimplência desses títulos, menor poderá ser a rentabilidade da aplicação, podendo ainda chegar a gerar uma rentabilidade negativa. Por isso, é preciso que o investidor analise as características do fundo, composição da carteira e outros aspectos relacionados à qualidade da carteira de crédito.

Fundos de investimento em cadeias agroindustriais (Fiagro)

Esses fundos têm como objetivo captar recursos de investidores, aplicando em ativos do agronegócio. Sua base legal foi constituída a partir da Lei 14.130 de 2021, ampliando as possibilidades de captação de recursos pelas empresas do setor junto ao mercado de capitais. Além disso, oferece aos investidores alternativas de aplicar recursos em empresas e atividades do agronegócio, obtendo assim os rendimentos decorrentes do crescimento dessa atividade no país.

Os recursos captados no Fiagro podem ser aplicados em direitos creditórios Fiagro – FIDC propriedades (Fiagro – FII) e participações (Fiagro – FIP), conforme detalhamento a seguir:

- **Fiagro – FIDC:** são fundos de investimento em direitos creditórios, porém, esses direitos são gerados pelas atividades da agroindústria. Ao aplicar recursos nesses fundos, o investidor está financiando as atividades do setor, por meio da antecipação dos recebíveis. A importância desses títulos é muito grande para as empresas do setor, considerando que a atividade agropecuária possui um ciclo financeiro longo, com prazo extenso do pagamento aos fornecedores até o recebimento dos clientes. Por isso, a existência de mecanismos de antecipação desses direitos é fundamental para a manutenção da saúde financeira das empresas e realização dos investimentos produtivos. O rendimento desses fundos é gerado pelas taxas de juros cobradas nas antecipações de recebíveis.
- **Fiagro – FII:** são fundos destinados ao investimento em terras agrícolas, e seu rendimento vem da valorização dessas terras e das receitas com arrendamento. A importância desses fundos está no acesso que proporciona aos pequenos investidores às oportunidades de ganhos com as propriedades, já que a aquisição desses imóveis rurais requer grande aporte de valores.
- **Fiagro – FIP:** oferecem a oportunidade de adquirir a participação em empresas agrícolas, sem a necessidade de aportar um grande volume financeiro. Seus rendimentos são decorrentes dos lucros gerados com a atividade e com a valorização das empresas, assim como os outros FIPs. Porém, os Fiagro – FIP são acessíveis aos pequenos investidores, permitindo uma maior democratização desse tipo de ativo. Para as empresas do agronegócio, esse mecanismo é de grande importância, já que a atividade requer elevado volume de recursos para adquirir ou arrendar terras, equipamentos, gastos com mão de obra, insumos e outros, até o prazo de colheita ou venda, quando são gerados de fato os fluxos de caixa da empresa. Com a existência desse mecanismo de financiamento, a atividade agropecuária tem mais uma opção para captação de recursos e investimento, permitindo maior crescimento do agronegócio no país.

Comparando os Fiagro com os FII, algumas diferenças e semelhanças podem ser apontadas. A tributação é semelhante, já que os Fiagro também possuem isenção de Imposto de Renda sobre os dividendos recebidos, mas os ganhos de capital são tributados. Já o fluxo de dividendos pode ser mais volátil do que os FII, já que a atividade agropecuária pode apresentar oscilações decorrentes de períodos de safra e plantio. Porém, dependendo da estrutura do Fiagro, os pagamentos mensais podem ocorrer devido à existência de reservas que compense os meses em que não ocorrem entradas de caixa.

Fundos de infraestrutura

Esses fundos se destinam a investir o patrimônio em debêntures incentivadas, que são títulos de crédito emitidos por empresas com a finalidade de captação de recursos para os setores de infraestrutura, tais como telecomunicações, saneamento, energia, transportes e outros.

Esses títulos recebem a denominação de debêntures incentivadas devido à isenção do Imposto de Renda sobre os rendimentos obtidos. As debêntures podem ser simples ou conversíveis em ações da empresa emissora.

Esses fundos são semelhantes a outros fundos de participação, pois geram resultado a partir dos lucros obtidos pelas empresas. Uma das vantagens é uma rentabilidade potencial maior, além da isenção de Imposto de Renda.

São fundos fechados, já que não permitem a entrada de novos investidores para aquisição de cotas. Portanto, o resgate dos recursos investidos só é possível mediante negociação no mercado secundário. Por esse motivo, suas cotas são negociadas em bolsa de valores.

O risco desse investimento está na variação do preço de mercado, que devido às oscilações de oferta e demanda pode se tornar inferior ao preço pago no momento da aquisição.

Suas características são semelhantes às dos FIIs, porém, possuem um risco maior, pois os projetos financiados pelas debêntures incentivadas proporcionam rendimentos enquanto duram e no final seus ativos são devolvidos ao governo.

Além disso, os fundos de infraestrutura acumulam os dividendos, promovendo o rendimento por meio do ganho de capital.

CLUBES DE INVESTIMENTO

Os clubes de investimento, assim como os fundos, são constituídos por grupos de investidores que se reúnem com a finalidade de aplicar recursos em diversos ativos. Em geral, o objetivo é servir como um aprendizado para o pequeno investidor, permitindo seu acesso ao mercado de capitais. Porém, apre-

• FUNDOS DE INVESTIMENTO E CLUBES DE INVESTIMENTO **209**

sentam algumas diferenças e semelhanças em relação aos fundos, conforme será descrito a seguir.

A primeira semelhança está em seu formato. Assim como os fundos, os clubes funcionam como um condomínio aberto, em que cada investidor adquire uma determinada quantidade de cotas, e o rendimento ocorre conforme a valorização. No entanto, os clubes possuem limitações para a quantidade de investidores. O máximo é de 50 pessoas físicas e o mínimo é de 3. Cada uma delas não pode ter mais do que 40% do total de cotas.

As normas dos clubes, inclusive a forma de gestão e a estratégia de investimento, é mais customizada conforme os objetivos dos constituintes. Isso pode representar uma vantagem para essa modalidade de investimento, pois permite uma melhor adequação aos objetivos e controle das estratégias de investimento adotadas.

Para participar de um clube de investimento não é necessário ter conhecimentos avançados, tampouco experiência no mercado financeiro. A gestão pode ser feita por um profissional contratado pelo clube para realizar as decisões de alocações de recursos. Esse profissional precisa ser certificado e credenciado pela CVM (Comissão de Valores Mobiliários).

Nesse caso, os custos associados com a contratação do profissional são arcados por meio dos rendimentos obtidos pelo clube, ou seja, parte da rentabilidade será utilizada para remunerar esse profissional.

Outra opção é que a gestão seja feita por um dos participantes. Nesse caso, essa pessoa será responsável por realizar as atividades burocráticas e as decisões de alocação de recursos.

De qualquer forma, para constituir um clube de investimento, é necessário ter um administrador, que pode ser uma corretora, uma distribuidora de títulos ou um banco com uma carteira de investimentos. A instituição será responsável pela documentação e registro legal, zelando ainda pelo bom funcionamento do clube.

Um até breve

A produção de um livro sobre finanças é um processo intenso, que exige muito conhecimento, didática e experiência profissional. Ao longo do texto buscamos nos conectar com cada um dos leitores que nos honram ao buscar nas páginas de nosso livro informação e formação.

Educação Financeira é uma longa jornada, requer consciência do protagonismo de nossas finanças, organização, um bom orçamento pessoal e muita vontade de aprender, questionar e perguntar sobre este arcabouço maravilhoso construído pela sociedade ao longo dos séculos: o Mercado de Capitas, fruto da confiança estabelecida entre as pessoas.

Ao longo do texto procuramos conduzir o leitor a entender as origens do mercado e da Bolsa Brasileira, bem como de sua importância e protagonismo no desenvolvimento da economia nacional. O leitor é constantemente convidado a refletir sobre os conceitos, contratos, dinâmicas e técnicas de avalição. Mercados à vista, futuros e opções são tratados de forma didática visando a despertar o interesse e o aprendizado.

Esperamos ter contribuído com o leitor nesse processo de entender a importância do tema.

Ficamos inteiramente à disposição para críticas e sugestões.

A jornadas das finanças pessoais é longa e desejamos que seja muito próspera e feliz.

Muito obrigado pela confiança, palavra mágica para o funcionamento do mercado de capitais.

Os autores

Referências

1. B3, Brasil, Bolsa, Balcão. COE - Certificado de Operações Estruturadas. [Internet] [Acesso em: 21 fev. 2023]. Disponível em: https://www.b3.com.br/pt_br/produtos-e-servicos/registro/operacoes-estruturadas/certificado-de-operacoes-estruturadas-coe.htm .
2. B3, Brasil, Bolsa, Balcão. Guia de IPO. [Internet] [Acesso em: 21 fev. 2023] Disponível em: https://www.b3.com.br/data/files/8E/A3/51/BB/06AD2810AA8B5C28AC094EA8/B3%20-%20Guia%20do%20IPO.pdf
3. B3, Brasil, Bolsa, Balcão. Índice Bovespa (Ibovespa B3). Estatísticas históricas. [Internet]. [Acesso em: 2022 dez. 31]. Disponível em: https://www.b3.com.br/pt_br/market-data-e-indices/indices/indices-amplos/indice-ibovespa-ibovespa-estatisticas-historicas.htm
4. B3, Brasil, Bolsa, Balcão. ISE B3 Metodologia. [Internet] [Acesso em: 21 fev. 2023]. Disponível em: http://iseb3.com.br/metodologia.
5. B3, Brasil, Bolsa, Balcão. Manual de Procedimentos operacionais da Câmara B3. [Internet] [Acesso em: 21 fev. 2023]. Disponível em: https://www.b3.com.br/data/files/8A/67/CA/DF/BB4447102255C247AC094EA8/Manual%20de%20Procedimentos%20Operacionais%20da%20Camara%20B3_20200831_com%20marcas.pdf.
6. B3, Brasil, Bolsa, Balcão. Manual de procedimentos operacionais de negociação da B3. [Internet] [Acesso em: 21 fev. 2023]. Disponível em: https://www.b3.com.br/data/files/93/D2/40/3B/8AFE961023208E96A-C094EA8/Manual%20de%20procedimentos%20operacionais%20de%20negociação%20da%20B3%20-%20Versão%2008042019.pdf.pdf.
7. B3, Brasil, Bolsa, Balcão. Ofertas públicas. Estatísticas. [Internet]. [Acesso em: 2022 dez. 31]. Disponível em: https://www.b3.com.br/pt_br/produtos-e-servicos/solucoes-para-emissores/ofertas-publicas/estatisticas/
8. B3, Brasil, Bolsa, Balcão. Pessoas físicas: uma análise da evolução dos investidores na B3. 2022.
9. Botelho FA. Análise técnica e estratégia operacional. São Paulo: Enfoque Gráfico; 2004.
10. Brasil. Lei nº 10.303, de 31 de outubro de 2001. Altera e acrescenta dispositivos na Lei nº 6.404, de 15 de dezembro de 1976 e na Lei nº 6.385, de 7 de dezembro de 1976, que dispõe sobre o mercado de valores mobiliários e cria a Comissão de Valores Mobiliários. [Internet]. [Acesso em: 2022 dez. 31]. Disponível em: http://www.planalto.gov.br/ccivil_03/leis/LEIS_2001/L10303.htm art2
11. Brasil. Lei nº 6.385, de 7 de dezembro de 1976. Dispõe sobre o mercado de valores mobiliários e cria a Comissão de Valores Mobiliários. [Internet]. [Acesso em: 2022 dez. 31]. Disponível em: http://www.planalto.gov.br/ccivil_03/leis/l6385compilada.htm
12. Brasil. Lei nº 9.249, de 26 de dezembro de 1995. Altera a legislação do imposto de renda das pessoas jurídicas, bem como da contribuição social sobre o lucro líquido, e dá outras providências. [Internet]. [Acesso em: 2022 dez. 31]. Disponível em: http://www.planalto.gov.br/ccivil_03/leis/l9249.htm
13. BSM. BSM Supervisão de Mercados: Quem Somos. [Internet]. [Acesso em: 2022 dez. 31]. Disponível em: https://www.bsmsupervisao.com.br/quem-somos
14. COPEL – Companhia Paranaense de Energia. Estatutos sociais e regimentos internos. [Internet]. [Acesso em: 2022 dez. 31]. Disponível em: https://www.copel.com/site/institucional/estatutos-sociais-e-regimentos-internos/
15. Copeland T, Koller T, Murrin J. Avaliação de empresas – valuation: calculando e gerenciando o valor das empresas. 3. ed. São Paulo: Pearson; 2002.
16. Damodaran A. Avaliação de empresas. 2. ed. São Paulo: Pearson; 2007.
17. Iudícibus S. Análise de balanços. São Paulo: Atlas; 2009.
18. Malaga FK. Análise de demonstrativos financeiros e da performance empresarial: para empresas não financeiras. 3. ed. São Paulo: Saint Paul; 2017.
19. Martins E, Diniz JA, Miranda GJ. Análise avançada das demonstrações contábeis: uma abordagem crítica. São Paulo: Atlas; 2012.
20. Serra R, Weickert M. Valuation: Guia fundamental. São Paulo: Atlas; 2014.